Edition Moderne iranische Lyrik

Jene Tage

Forugh Farrochsād
Gedichte

Lothar Bührmann
Cartoons

Ausgewählt, aus dem Persischen übertragen und mit einem zusätzlichen Nachwort von

Kurt Scharf

sujet verlag

gedruckt auf FSC®-zertifiziertes Papier

CIP - Titelaufnahme in die Deutsche Nationalbibliothek

Farrochsād, Forugh
Jene Tage, ausgewählte Gedichte
Aus dem Persischen von Kurt Scharf
ISBN 978 3 99202 082 8

Umschlaggestaltung: Lothar Bührmann, Madjid Mohit
Titelbild: Lothar Bührmann
Satz und Layout: Sujet Verlag
Korrektorat: Denise Gegner
Druckvorstufen: Sujet Verlag, Bremen
Printed in Europe

3. Auflage: Suhrkamp Verlag, 1994
4. Auflage, Sujet Verlag, 2016
5. Auflage, Sujet Verlag, 2018
2. & 3. TB Auflage, Sujet Verlag, 2022
4. TB Auflage, Sujet Verlag, 2024
5. TB Auflage, Sujet Verlag, 2026

www.sujet-verlag.de

I

durchhängend

Jene Tage

Jene Tage sind vergangen
Jene schönen Tage
Jene heilen und erfüllten Tage
Jener Himmel voller Flitter
Jene Äste voller Kirschen
Jene Häuser, die sich einst im grünen Schutz des Efeus
aneinanderlehnten

Jene Dächer unter ungestümen Drachen aus Papier
Jene Gassen, schwindlig von Akazienblütenduft
Jene Tage sind vergangen
Jene Tage, da aus einer Spalte zwischen meinen Lidern
Meine Lieder quollen so wie pralle Luftballons
Und mein Auge alles, was an ihm vorüberglitt
Trank wie eine Schale frische Milch
So als säße in dem Nest meiner Pupillen
Sprungbereit die Lebensfreude wie ein Hase
Ginge jeden Morgen mit der alten Sonne
Auf die Suche nach uns unbekannten Wiesen
Und verschwände nachts in dunklen Wäldern

Jene Tage sind vergangen
Jene stillen Tage voller Schnee

Da ich im warmen Zimmer durch die Fensterscheiben
Staunend alle Augenblick nach draußen schaute
Die Reinheit meines Schnees fiel sanft
Wie weiche Kaschmirwolle
Auf die Leiter aus morschem Holz
Auf die schlaffe Wäscheleine
Auf das Haar der alten Kiefer
Und ich dachte an morgen, ach
Morgen –
Weit, weiß, glatt.

Mit dem Rascheln von Großmutters Schleier fing es an
Wenn ihr Schatten krumm im Türrahmen erschien
– der plötzlich dem Gefühl von kühlem Morgenlicht
den Weg freigab –
Und die flüchtigen Bilder vom Flug der Tauben
Auf den glänzenden Fensterscheiben
Morgen . . .

Warm und gemütlich war das Kohlenbecken
Blitzschnell und frech
Radierte ich, verborgen vor dem Blick der Mutter
Was angestrichen war in meinem Schulheft, aus
Und wenn der Schneefall einschlief
Ging ich verfroren und bedrückt hinunter in den Garten
Um unter kahlen Trauerbirken
Meine toten Spatzen zu begraben

Jene Tage sind vergangen
Jene Tage voller Leidenschaft und Staunen
Jene Tage des Schlafens und Wachens
In jenen Tagen barg ein jeder Schatten ein Geheimnis
In jedem zugeschlossnen Kasten war ein Schatz versteckt
In jeder Ecke unsrer Rumpelkammer,
        in der Stille um die Mittagszeit
War dort gleichsam eine eigne Welt
Jeder, der in ihrem Dunkel furchtlos war
War in meinen Augen schon ein Held

Jene Tage sind vergangen
Jene Frühjahrstage
Jenes Warten auf die Sonne und die Blumen
Jenes Erschauern vor dem Duft
In der schüchternen Gesellschaft der wilden Narzissen
Die die Stadt am letzten Wintermorgen
Zu besuchen pflegten
Die Lieder der fliegenden Händler
        In den langen, grüngefleckten Straßen

Auch der Basar schwamm in vergänglichen Gerüchen
In scharfem Kaffeeduft und starkem Fischgeruch
Unter den Schritten dehnte er sich, wurde weit und breit,
        vermischte sich mit jedem Augenblick des Wegs
Und döste auf dem Grund der Puppenaugen vor sich hin
Basar, das war die Mutter,
        die zu einem dichten bunten Strom fortging

Und wiederkehrte
Mit Geschenkpaketen und mit vollen Körben
Basar, das war der Regen, welcher rann und rann und rann

Jene Tage sind vergangen
Jene Tage des verwirrten Staunens
über die Geheimnisse des Körpers
Jene Tage schüchterner Vertraulichkeiten,
von der Schönheit blauschimmernder Adern
Eine Hand, die hinter einer Mauer
Eine andre Hand
Mit einer Blume rief
Kleine Tintenflecken waren auf der aufgeregten,
zitternden, furchtsamen Hand
Und die Liebe
Die sich in einem scheuen Grüßen zu erkennen gab

In warmen, rauchigen Mittagsstunden
Lernten wir unsere Liebeslektionen im Staub der Straße
Wir waren vertraut mit der schlichten Sprache der Blumen
Unschuldig brachten wir unser Herz in die Gärten der Güte
Und liehen es den Bäumen
Und als Kurier von Küssen flog der Ball von Hand zu Hand
Und Verliebtheit war es, ein verwirrendes Gefühl, das uns
in der Dunkelheit der Garderobe
Plötzlich
Überfiel

Lebenslinien

Und uns mit ihrem Drängen
        von heftigem Atmen, Herzklopfen
        und von verstohlenem Gekicher anzog
Jene Tage sind vergangen
Jene Tage sind wie Pflanzen, welche in der Sonne welken
In der Sonnenglut sind sie verdorrt
Und verschwunden sind auch jene Gassen,
        schwindlig von Akazienblütenduft
Im Gewimmel dichtgedrängter Straßen ohne Wiederkehr
Und das Mädchen, das
Seine Wangen mit Geranienblättern färbte, ach
Ist jetzt eine einsame Frau
Ist jetzt eine einsame Frau

Der Wind wird uns verwehen

In meiner kleinen Nacht (…)
Hat der Wind mit den Blättern der Bäume ein Stelldichein
In meiner kleinen Nacht ist die Angst vor Zerstörung

Hör zu!
Hörst du das Wehen der Dunkelheit?
Wie eine Fremde blicke ich auf dieses Glück
Ich bin süchtig nach meiner Verzweiflung

Hör zu!
Hörst du das Wehen der Dunkelheit?

Etwas geht jetzt in der Nacht vorüber
Der Mond ist rot und aufgeregt
Und über diesem Dach, das jeden Augenblick
über ihm einzustürzen droht
Warten die Wolken wie eine Menge Trauernder
Man möchte sagen, auf den Augenblick des Regens

Ein Augenblick
Und danach – nichts
Hinter diesem Fenster zittert die Nacht

Und die Erde verhält
In ihrer kreisenden Bewegung
Hinter diesem Fenster schaut ein Unbekannter
Besorgt auf mich und dich

Ach du, dessen ganzer Körper grün ist
Leg deine Hände wie eine brennende Erinnerung
in meine liebenden Hände
Und deine Lippen, wie ein Empfinden, warm vom Sein
Vertraue den Zärtlichkeiten meiner liebenden Lippen an
Der Wind wird uns verwehen
Der Wind wird uns verwehen

der absturz
der einsturz

Inmitten der Dunkelheit

Inmitten der Dunkelheit rief ich dich
Eine Stille war und eine Brise
Die die Vorhänge davonwehte
Im traurigen Himmel
Verglühte ein Stern
Verschwand ein Stern
Verstarb ein Stern

Ich rief dich
Ich rief dich
Mein ganzes Sein
War wie ein Becher Milch
In meinem Händen
Der blaue Blick des Mondes
Traf die Scheiben

Ein trauriges Lied
Stieg auf wie Rauch
Aus der Stadt der Zikaden
Und glitt wie Rauch
Über die Fenster hin

Die ganze Nacht da
Mitten in meiner Brust
Keuchte jemand
Vor Enttäuschung
Jemand erhob sich
Jemand fragte nach dir
Zwei kalte Hände
Stießen ihn wieder zurück

Die ganze Nacht da
Tropfte Trauer
Von den schwarzen Zweigen
Jemand ließ ab vom Sein
Jemand fragte nach dir
Die Luft stürzte über ihm ein
Wie ein Zusammenbruch

Mein kleiner Baum
War verliebt in den Wind
In den Wind ohne Heim
Wo ist des Windes Haus?
Wo ist des Windes Haus?

Vergebet Ihr

Vergebet ihr
Ihr, die zuweilen
Die schmerzhafte Verbindung ihres Daseins
Mit den stillen Wassern
Und den leeren Löchern vergisst
Und in ihrer Einfalt denkt
Sie habe das Recht zu leben

Vergebet ihr
Ihren fühllosen Zorn eines Bildes
Dass der ferne Wunsch nach Bewegung
In ihren papierenen Augen schmilzt

Vergebet ihr
Ihr, über deren Sarg
Das rote Fließen des Mondes gleitet
Und deren Leib die stürmischen Düfte der Nacht
In seinem tausendjährigen Schlaf
Aufstören

verliebt in den wind

Vergebet ihr
Ihr, die innen schon zerfallen ist
Aber in deren Augen die Haut noch brennt von der Illusion
der Lichtteilchen
Und deren sinnloses, langes Haar
Enttäuscht vom Einfluss der Atemzüge der Liebe zittert
Ihr Bewohner der schlichten Gegend des Glücks
Ihr engsten Freunde der im Regen offenen Fenster
Vergebet ihr
Vergebet ihr
Denn sie ist verzaubert
Denn die Wurzeln eures fruchtbaren Seins
Untergraben die Erde ihres Exils
Und lassen ihr leichtgläubiges Herz
Unter den schmerzenden Schlägen der Sehnsucht
In einem Winkel ihrer Brust anschwellen

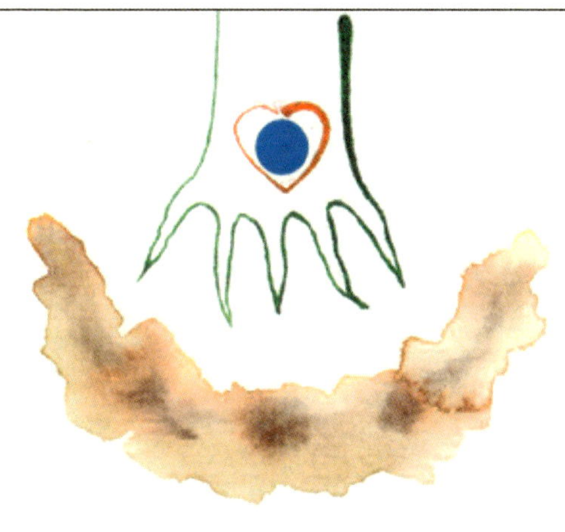

vergebung

Einswerdung

Meine schwarzgekleideten Pupillen, ach
Jene schlichten Einsiedler in härenem Gewand
Verzückt im Derwischtanze seiner beiden Augen
Waren sie entrückt

Ich sah, dass eine Welle über mir zusammenschlug
Wie eine rote Feuersbrunst
Wie der Widerschein des Wassers
Wie die Wolke, wenn der Regen rauscht
Wie der Himmel ist im heißen Sommerwind
Grenzenlos
Bis jenseits unsres Seins
Dehnte er sich aus

Ich sah, dass durch das Fächeln seiner Hände
Das Wesen meiner Existenz
Sich auflöste in Luft
Ich sah, sein Herz
War durch den Widerhall des flüchtigen Zauberworts
Verwurzelt tief in meinem eigenen

augentanz

Die Stunde verflog
Der Vorhang flog fort mit dem Wind
Ihn hielt ich fest
Im Schein der Feuersbrunst
Ich wollte sprechen
Aber, seltsam
Das wachsende Gewicht der Schatten seiner Wimpern
Wie die Fransen eines Seidenvorhangs
Vom Grund der Dunkelheit
Fortsetzung jener Schenkel, die sich strecken
Und jener Schauer, jener Todesschauer
Flossen herab bis in mein äußerstes verlornes Selbst

Ich sah: Nun werde ich erlöst
Ich sah: Nun werde ich erlöst

Ich sah: Die Liebeswonne war so groß, dass sie die Haut
zerriss, die meinen Leib umgab
Ich sah mein feurig glühend Erz
Zerschmolz
Und es floss fort, floss fort, floss fort
Hinab zum Mond, zum Mond dort in der Tiefe,
dem Mond der Umkehr des Zenits

Tief ineinander weinten wir
Tief ineinander lebten wir
Von Sinnen diese unglaubhaften Augenblicke der Vereinigung

Die Frage

Ssalām, ihr Fische … ssalām, ihr Fische
Ssalām, ihr roten, gelben, goldnen!
Sagt mir, ob ihr je in jenem kristallenen Zimmer
Das kalt wie die Pupille der Augen Toter ist
Und wie das Ende der Nächte der Stadt geschlossen und leer
Den Klang der Hirtenflöte gehört habt
Der aus dem Lande der Feen Angst und Einsamkeit
Zum Vertrauen der ziegelmauerten Schlafstätten
Und dem Aufziehwiegenlied der Uhren
Und den Kernen des Lichts aus Glas – hervorkommt?

Und eben dann, wenn er hervorkommt
Fallen die Flittergoldsterne
vom Himmel auf die Erde
Und die kleinen, verspielten Herzen
Bersten vom Gefühl des Weinens

haus der dunkelheit

Freitag

Stiller Freitag
Verlassener Freitag
Freitag wie traurigstimmende, alte Gassen
Freitag fauler, kranker Gedanken
Freitag schmerzhaften, langen Gähnens
Freitag ohne Erwartung
Freitag, dem man sich ergibt

Leeres Haus
Tristes Haus
Haus, dessen Tür dem Ansturm der Jugend
verschlossen ist
Haus der Dunkelheit und der Illusion von Sonne
Haus des Alleinseins, des Wahrsagens
und des Zweifels
Haus der Vorhänge, Bücher, Schränke und Bilder

Ach, wie still und stolz verfloss
Mein Leben wie ein fremder Fluss
Im Herzen dieser stillen, verlassenen Freitage
Im Herzen dieser leeren, tristen Häuser
Ach wie still und stolz verfloss…

Die Aufziehpuppe

Länger, o ja, noch länger
Viel länger kann man stumm sitzen bleiben

Lange Stunden lang kann man so sitzen und
Den Blick starr gleich dem Blick der Toten
Auf den Rauch einer Zigarette starren
Auf die Form von einer Tasse starren
Auf eine verblichene Blume in einem Teppich
Auf eine eingebildete Linie an einer Wand

Man kann mit klammen Fingern
Den Vorhang beiseite ziehen und sehen
Wie die Regenschauer auf die Gasse regnen
Wie ein Kind mit seinen bunten Luftballons
Dasteht unter einem Torbogen
Und wie hastig ein verschlissner Planwagen
Mit Gepolter vom verlassnen Platz fährt

Man kann dort still und stocksteif stehenbleiben
Neben dem Vorhang, und doch blind und taub

rauch im auge

Man kann
Mit einer falschen, fremden Stimme rufen:
„O, ich liebe…“
Man kann in den verwegnen Armen eines Mannes
Ein hübsches, dralles Weib sein
Mit einem Leib, weich wie ein Ledertuch
Mit zwei großen, schweren Brüsten
Man kann im Bett mit einem Säufer, einem Irren, einem Penner
Die Reinheit einer Liebe in den Schmutz ziehn
Man kann mit gewitzter Zunge
Über jedes Staunen, über jedes Wunder spotten
Man kann sich einzig Kreuzworträtseln widmen
Man kann nach Herzenslust
          allein nach sinnlosen Lösungen suchen
Nach sinnlosen Wörtern, ja, mit fünf Buchstaben oder sechs

Man kann ein Leben lang, das Knie beugen
Gesenkten Haupts am Fuße eines kalten Grabmals
Man kann in namenlosen Grüften Gott schauen
Man kann den Glauben finden durch ein Geldstück ohne Wert
Man kann in den Nischen einer Moschee welken
Wie eine Alte, das Gebetbuch in der Hand

Man kann wie eine Null
Bei Subtraktion wie Addition und Multiplikation
Immer dasselbe Resultat ergeben
Man kann dein Aug in seinem steten Groll
Als alten, ausgebleichten Schuhknopf ansehen
Man kann wie Wasser austrocknen in seiner Mulde

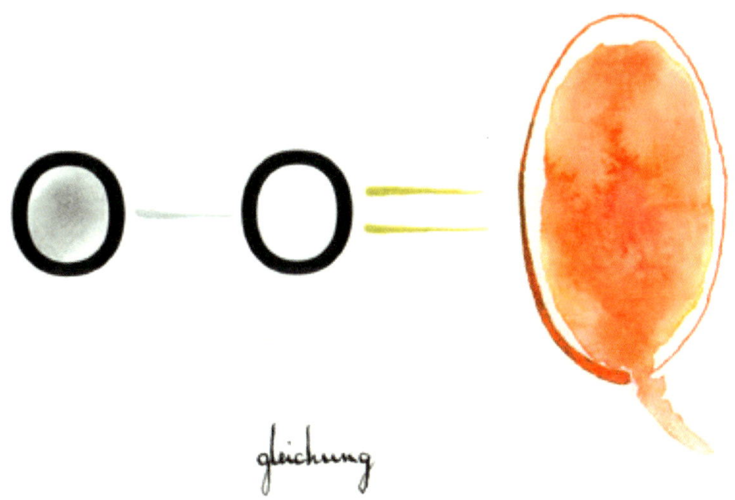
gleichung

Man kann die Schönheit eines Augenblicks voll Scham
Wie einen lächerlichen Schnappschuss in schwarz-weiß
Zuunterst auf den Boden einer Truhe legen
Man kann im leergebliebnen Rahmen eines Tages
Das Bild eines Verurteilten, Besiegten, eines am Kreuze
hängen haben
Man kann mit Bildern Löcher in der Wand zudecken
Man kann sie mit noch sinnloseren Mustern mischen

Man kann genau wie eine Aufziehpuppe sein
Und seine Welt mit zwei Glasaugen sehen
Man kann in einer Schachtel, ausgelegt mit Samt
Den Körper ausgestopft mit Stroh
Jahrzehnte zwischen Tüll und Rauschgold schlafen
Man kann bei jedem leeren Händedruck
Entzückt und grundlos rufen:
„Oh, ich bin sehr erfreut.“

Die Einsamkeit des Mondes

Das ganze lange Dunkel lang
Riefen die Zikaden:
„Mond, du großer Mond…"

Das ganze lange Dunkel lang
Riefen die Äste mit den langen Fingern
Aus denen ein Seufzer der Lust
Aufstieg
Der Frühlingswind
Der den Befehlen unbekannter, rätselhafter Götter folgte
Tausende verborgner Atemzüge von Lebewesen
        in dem Grund der Erde
In ihren wechselnden, leuchtenden Bahnen
        die Johanniswürmchen
Das Klopfen in dem hölzernen Gewölbe
Leilā im Harem
Die Frösche im Tümpel
Alle zusammen, alle miteinander riefen
Wie aus einem Munde bis zum Morgengrauen:
„Mond, du großer Mond…"

verborgener atemzug

Das ganze lange Dunkel lang
Glühte der Mond im Mondenschein
Der Mond
War das Herz der Einsamkeit von seiner eignen Nacht
Und in seiner goldnen Wut war ihm zum Platzen

In den kalten Straßen der Nacht

Ich bereue nicht
Ich denke an die Ergebung, diese schmerzliche Ergebung
Ich habe das Kreuz meines Schicksals
Auf meinem eignen Golgatha geküsst

In den kalten Straßen der Nacht
Zögern die Paare es immer weiter hinaus
Sich voneinander zu trennen
In den kalten Straßen der Nacht
Hört man nichts als „Leb wohl“, „Leb wohl“

Ich bereue nicht
Mein Herz fließt gleichsam jenseits aller Zeit
Das Leben wird mein Herz einst wiederholen
Und die Pusteblumensamen, die der Wind über die Seen treibt
Werden mich wiederholen

Ach, siehst du nicht
Wie meine Haut zerreißt?
Wie die Milch mir in den blauen Adern meiner kalten
Brüste gerinnt?
Wie das Blut

Meine geduldigen Lenden
Verknöchern lässt?

Du bin ich, du
Und jemand der liebt
Und jemand, der in seinem Inneren
Plötzlich ein stummes Band wiederfindet
Und Tausende von fremden, unbekannten Gegenständen
Und ich bin alle wilde Lust der Erde
Die alle Wasser in sich aufsaugt
Um alle Wüsten fruchtbar zu machen

Hör mir zu
Lausche meiner fernen Stimme
Im schweren Nebel morgendlicher Beschwörungen
Und sieh mich an in der Stille der Spiegel
Wie ich wieder und wieder mit den Stummeln meiner Hände
Die dunkle Tiefe aller meiner Träume abtaste
Und mein Herz gleich einem Blutflecken
In das unbefleckte Glück des Seins eintätowiere

Ich bereue nicht
Von mir, du mein Geliebter,
Sprich
Mit einem anderen Ich
Das du dereinst auf den kalten Straßen der Nacht
Mit diesen deinen liebenden Augen wiederfindest
Und denk an mich bei ihrem traurigen Kuss
Auf die geliebten Falten unter deinen Augen

Irdische Offenbarung

Da
Ward die Sonne kalt
Und der Segen verließ die Äcker

Die Gräser in den Ebenen verdorrten
Die Fische in den Meeren, sie verdorrten
Und die Erde nahm ihre Toten
Von da an nicht mehr auf in ihren Schoß

Die Nacht hinter all jenen bleichen Fenstern
Ward gleich einer nebelhaften Fantasie
Beständig dichter, wallte schließlich auf
Und die Wege
Führten nicht mehr weiter in der Dunkelheit

Keiner mehr träumte von Liebe
Keiner mehr träumte von Sieg
Niemand
Träumte mehr einen Traum

In den Höhlen der Einsamkeit
Kam die Sinnlosigkeit zur Welt

der gang zum licht

Das Blut roch nach Opium und indischem Hanf
Schwangere Frauen gebaren Kinder ohne Kopf
Und die Wiegen suchten voller Scham
Ihre Zuflucht in den Gräbern

Was für bittere, schwarze Zeiten
Das Brot war stärker als die wunderbare Kraft
Der Verkündigung
Hungrige Propheten, vom Schicksal betrogen
Flohen den Ort der Verheißung
Und Jesu verlorene Schafe
Hörten nicht mehr das He He der Hirten
In der verstörten Ödnis

Bewegungen, Farben und Bilder
Erschienen im Auge der Spiegel
Gleichsam umgekehrt
Um die Köpfe gemeiner Narren
Und die Fratzen schamloser Dirnen
Loderte ein Heiligenschein
Wie ein Schirm in Flammen

Sümpfe von Alkohol, voll
Beißender, giftiger Dämpfe
Zogen Scharen trockner Intellektueller
Hinab in ihre Tiefen
Und tückische Mäuse nagten

Die vergilbten Blätter alter Bücher
In den wurmstichigen Regalen an

Die Sonne war tot
Die Sonne war tot und morgen
War für die Kinder unverständlich
Ein vergessener Begriff
Sie illustrierten die Fremdartigkeit
Dieses altmodischen Ausdrucks in
Ihren Übungsheften mit
Einem dicken, schwarzen Tintenklecks

Die Menschen
Dies gefallene Geschlecht
Erschlafft, ermattet und verwirrt
Zogen unter ihrer eignen Leichen unheilvoller Last
Von Verbannung zu Verbannung
Und die schmerzliche Lust am Verbrechen
Schwoll ihnen in den Händen an

Ein Funke, ein winziger Funke
Zündete von Zeit zu Zeit
Diese stumme, seelenlose Masse
Sprengte sie von innen auf
Sie stürmten aufeinander los
Männer schlitzten sich mit Messern
Gegenseitig die Gurgel auf
Und in einem Bett von Blut

Lagen sie
Minderjährigen Mädchen bei

Sie ertranken im eigenen Grauen
Und ein furchtbares Gefühl der Sünde
Lähmte ihre blinde, blöde Seele

Bei den öffentlichen Hinrichtungen
Wenn der Henker die zuckenden Augen
des Verurteilten
Aus ihren Höhlen drückte
Tauchten sie in sich hinab
Und ein wollüstiger Einfall
Kitzelte ihre alten, müden Nerven

Doch immer sah man auch am Saum der Plätze
diese kleinen Tagediebe stehen
Und sich das ständige Sprudeln
der Springbrunnen ansehen

Vielleicht war auch noch
Hinter diesen leeren Augen, in der Tiefe
Ihrer Erstarrung etwas wirr und
Halblebendig da
Das in seinem kraftlosen Bemühen
An die Reinheit des Gesangs der Wasser glauben wollte

Vielleicht, doch welch endlose Leere

Die Sonne war tot
Und niemand wusste
Jene trauernde Taube
Die den Herzen entflogen war
Hieß Glaube

Ach, du gefangne Stimme
Wird die Würde deiner Hoffnungslosigkeit denn nie
Aus keinem Winkel dieser widerlichen Nacht
Einen Gang zum Licht dir graben?
Ach, du gefangne Stimme
Letzte aller Stimmen

Das Geschenk

Ich rede vom Ende der Nacht
Ich rede vom Ende der Dunkelheit
Und vom Ende der Nacht rede ich

Wenn du zu meinem Haus kommst,
        bring mir, du Lieber, eine Lampe
Und eine Luke, aus der ich
Das Gedränge der glücklichen Gasse sehen kann

das ende der dunkelheit

Grüne Täuschung

Den ganzen Tag lang weinte ich im Spiegel
Der Frühling hatte mein Fenster
Der Bäume grüner Täuschung anvertraut
Mein Körper passte nicht in den Kokon der Einsamkeit
Und der Geruch meiner Papierkrone
Machte ihn muffig
Diesen weiten, sonnenlosen Raum

Ich konnte nicht länger, ich konnte nicht mehr
Der Ruf der Straße, der Ruf der Vögel
Der Lärm um wegrollende Stoffbälle
Das verhallende Geschrei von Kindern
Und der Tanz von Luftballons
Die wie Seifenblasen
Am Ende eines Fadenstengels aufstiegen
Und der Wind, der Wind, der gleichsam
In der tiefsten Tiefe dunkler Augenblicke des
Zusammenschlafens atmete
Bedrängten
Die Mauern der stillen Burg meines Vertrauens
Und riefen durch alte Risse mein Herz beim Namen

welch ein gipfel

Den ganzen Tag lang sah ich starr
In den Augen meines Lebens
In zwei furchtsame, verstörte Augen
Die meinem festen Blick immer auswichen
Und wie zwei Lügner
In der Einsamkeit hinter dem Schutz der Lider Zuflucht suchten

Welcher Gipfel, welche Spitze?
Führen denn nicht all diese gewundenen Wege
Zum Punkt der Konvergenz, zum Ende
In jenem kalten, saugenden Mund?
Was gabt ihr mir, ihr schlichten Worte des Betrugs
Und du Enthaltsamkeit von Körper und Begierden?
Wenn ich mir eine Blume in die Haare steckte
Wäre das nicht viel betörender
Als diese Täuschung, diese Krone aus Papier
Die auf meinem Kopf zu riechen anfing?

Wie kam's, dass ich vom Geist der Einöde besessen wurde
Und dass des Mondes Zauber mir den Glauben an die Herde nahm
Wie kam es nur, dass meinem Herzen so viel fehlt
Und keine andre Hälfte diese hier ergänzt
Wie kam es, dass ich plötzlich dastand und
Den Boden unter meinen Füßen schwinden sah
Vergeblich wartete mein Körper auf
Die Wärme von meines Gefährten Leib!

Welcher Gipfel, welche Spitze?
Gewährt mir Zuflucht, ihr verstörten Lampen

Ihr lichtvollen, skeptischen Häuser
Auf deren sonnigen Dächern sich im Arm
Von wohlriechendem Räucherwerk
Frisch gewaschene Gewänder winden

Ach gebt mir Zuflucht, schlichte vollkommene Frauen
Die ihr mit liebevollen Fingerspitzen durch die Haut
Die beglückende Bewegung eurer Leibesfrucht
Verfolgt
In deren aufgeknöpften Blusen sich
Die Luft mit dem Geruch von frischer Milch vermischt

Welcher Gipfel, welche Spitze?
Gewährt mir Zuflucht, Öfen voller Glut –
            und glückbringende Hufeisen
Du Lied der Kupferkessel in der schwarzen Küche
Du Melodie der Nähmaschine, die mein Herz berührt
Du Tag und Nacht dauernder Kampf
            mit Teppichen und Reisigbesen
Gewährt mir Zuflucht, all ihr Liebessüchte
Euer schmerzender Hunger nach Beständigkeit
Benetzt das Bett eurer Eroberungen
Mit Zauberwasser
Und mit Tropfen frischen Bluts

Den ganzen Tag, den ganzen Tag
Trieb ich so vogelfrei und losgelöst
Wie eine Wasserleiche auf die steilste Klippe zu

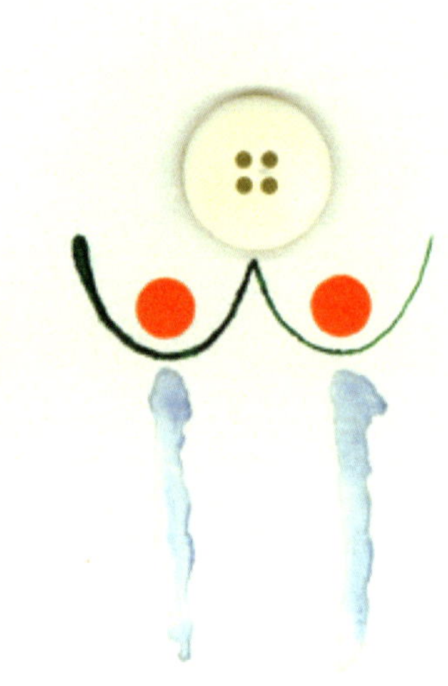

aufgeknöpft

Hin zu den allertiefsten Untiefen im Meer
Und zu den wildesten Raubfischen hin
Und die zarten Wirbel meines Rückens
Krachten vor Schmerz im Angesicht des Todes

Ich konnte nicht länger, ich konnte nicht mehr
Das Echo meiner Schritte sträubte sich gegen den Weg
Meine Verzweiflung war umfassender als meine Seelenstärke
Und jener Frühling, jene grüne Täuschung
Die vorbei an meinem Fenster zog
Sagte meinem Herzen:
„Schau
Du bist nicht fortgeschritten
Du schrittst nur hinab.“

Das Paar

Der Abend kommt
Und nach dem Abend – die Dunkelheit
Und nach der Dunkelheit
Augen
Hände
Und Atmen und Atmen und Atmen…
Und das Geräusch des Wassers
Das hinuntertropft tropf tropf tropf aus dem Hahn

Dann zwei rote Punkte
Von zwei brennenden Zigaretten
Das Ticktack der Uhr
Und zwei Herzen
Und zwei Einsamkeiten.

tropf, tropf, tropf

Die Eroberung des Gartens

Jene Krähe flog
Hoch über unsre Köpfe weg
Stieg herab in die wirren Gedanken einer streunenden Wolke
Wie ein kurzer Wurfspieß wird ihr Schrei
Den weiten Horizont durchmessen
Und Nachricht von uns mit sich tragen in die Stadt

Alle wissen
Alle wissen
Dass ich und du von jener kalten dunklen Luke aus
Den Garten sahen
Und von jenem Ast, der uns von ferne lockte
Den Apfel pflückten

Alle fürchten sich
Alle fürchten sich, aber ich und du
Schlossen ein Bündnis mit Lampe, Wasser und Spiegel
Und wir fürchteten uns nicht

Ich spreche nicht von jenem schwachen Bunde zweier Namen
Und nicht von der Verbindung
          auf den alten Seiten eines Stammbuchs

silbernes leben

Ich spreche von meinem glücklichen Haar
Und meinen Schläfen, die dein Kuss verbrennt
Von unsrer Offenheit bei soviel Lug und Trug
Und von dem Schimmern unsrer nackten Körper
Schuppen von Fischen, die im Wasser glänzen
Vom silbernen Leben eines Liedes spreche ich
Das ein winziger Wasserstrahl uns früh am Morgen singt
Und in jenem grünfließenden Wald
Fragten wir die Wildkaninchen eines Nachts
Fragten dann im wütend-kaltblütigen Meer
Auch die Muscheln voller Perlen
Auf dem fremden, großmächtigen Berg
Fragten wir zuletzt die jungen Adler
Was ist hier zu tun?

Alle wissen
Alle wissen
Wir fanden unsern Weg
in den kalten, stillen Traum der Zaubervögel
Und wir entdeckten die Wahrheit im kleinen Garten
In den verschämten Blicken einer namenlosen Blume
Und Beständigkeit in dem endlosen Augenblick
Da zwei Sonnen sich voll Staunen ansahen

Ich spreche nicht vom furchtsamen Flüstern im Dunkeln
Ich spreche vom Tag, von offnen Fenstern
Und von frischer Luft
Vom Ofen, in dem aller Tand verbrennt

Vom Ackerland, das andre Saaten trägt
Von Geburt, Heranreifen und Stolz
Ich spreche von unseren liebenden Händen
Die eine Brücke aus den Offenbarungen von Duft,
          von Licht und Luft
Über die Nächte schlagen

Komm in den Wiesengrund
Den weiten Wiesengrund
Und ruf mich hinter dem Hauch der Seidenblumen
Wie der Hirsch seine Gefährtin ruft
Die Vorhänge sind voll verborgner Wut
Und unschuldige Tauben
Schaun von den Höhen ihrer weißen Türme
Hinunter auf den Boden

Die Rose

Die Rose
Die Rose
Die Rose

Er nahm mich mit in einen Rosengarten
Und steckte mir in das erregte Haar im Dunkeln eine Rose
Und schließlich
Schlief er mit mir auf einem Rosenblatt

Ihr verkrüppelten Tauben
Ihr unerfahrenen, alt und unfruchtbar gewordenen Bäume,
          ihr blinden Fenster
Unter meinem Herzen und in der Tiefe meines Beckens
Keimt jetzt eine Rose
Eine rote Rose
Rot
Wie eine Flagge bei der
Auferstehung

Ach, schwanger bin ich, schwanger, schwanger

reinen herzens

„Ali" sprach die Frau Mama

Der kleine Ali
Der Schlingel Ali
Um Mitternacht wacht er plötzlich auf
Reibt sich die Augen ein paarmal
Drei-, viermal reckt er sich und gähnt
Er kommt hoch und setzt sich auf

Was hat er gesehn?
Was hat er gesehn?
War es ein Fisch oder ein Traum?
Ein Fisch, der silbrig wie Kleingeld glänzt
Oder wie ein Stückchen Seidenstoff
Mit einem perlenbestickten Saum
Wie auf das Blütenblatt von einer Wunderblume
Mit Seidenfäden draufgestickt
Zwei glatte, runde Diamanten wie für Ringe
Spielten in seinen Augen Versteck
Ganz sanft
Ganz sacht
Schwamm er übers Wasser weg
Wie ein Luftzug, der vom Ventilator kommt
Streichelte er
Die Wasseroberfläche

ein kleiner fisch

Er roch wie frische Klassenarbeitshefte
Kam es Ali vor
Wie eine I ohne 'ne fette V davor
Wie abends vor Feiertagen die Küche
Oder noch andere schöne Gerüche
Wie wenn man nachts die Sterne zählt
Und auf dem Dach unter die Decke kriecht
Wie wenn im Hof der Regen auf die Pflastersteine fällt
Wie Süßigkeiten und wie Schokolade riecht

Als ob ein leuchtender Karfunkelstein durchs Wasser schwämme
Als ob das Nesthäkchen des Märchenkönigs dort vorüberkäme
In ihrer Sänfte aus Kristall
Auf lauschigen Wald- und Wiesenwegen
Und auf sie fiele ein Blumenregen
Um ihre Haare leuchtete ein Feuerball
Vielleicht war es ein Fisch vom Stamm der Geister und der Feen
Vielleicht war's einer von den Straßenfischen,
die an allen Ecken stehen
Oder ein Gedanke, wie sie Kindern durch die Köpfe gehen
Was auch immer es war
Wer auch immer es war
Der kleine Ali
Wird durch diesen Anblick ganz verzückt, und ach
Voller Staunen wird er ganz verrückt danach

Kaum streckt er die Hand aus
Nach dem Farbenkranz
Nach dem Lichtertanz

Nach dem Silberglanz
Um ihn anzufassen, kracht
Ein Blitz und Regen fällt, schwarz wird die Nacht
Die Erde tut unter dem Fisch ihren Bauch auf
Die Blumensträuße lösen sich in Rauch auf
Das goldne Licht verbrennt und löst sich auch auf
Über Ali ist wie jede Nacht an dessen Stelle
Das Himmelstuch voll gelber Birnen
Kein Fisch Kein Traum Keine Quelle

Im Windfang pfiff und heulte der Wind
Er zog die Weide an den Haaren
Und Minna blies er den Kittel hoch
Sodass ihre Beine zu sehen waren

Auf der Wäscheleine streckten
Unterhemden und Unterröcke
Die Hand nacheinander aus, um sich auszukundschaften
So als ob sie unter sündigen Gedanken
Ständig anschwöllen und wieder abschlafften

Die Grillen
Hatten ihre Fiedeln gestimmt und fingen an
Sobald der Wind sich legte
Hoben auch die Frösche tief unten im Garten zu singen an
Die Nacht war wie alle Nächte,
Die künftigen, und die, die schon vergangen
Aber Ali
War von einer andern Welt gefangen

Der kleine Ali
War verzaubert
Er wollte Silberglanz und Perlensaum
Er wollte den Fisch aus seinem Traum
Der Graben plätscherte wasserreich
Ali war klein und voll Wasser der Teich

„Kleiner Ali
Kleiner Ali
Wälz dich doch nicht so im Bettchen hin und her
Vergiss nicht, was der Opa Mond dir mal gesagt hat, er
Meinte, wenn man von 'nem Fisch träumt, ist das schön
Aber eins ist, was im Traum zu sehen
Und was andres ist ein tiefer Teich
Sonst kommst du noch auf die schwarze Liste
Da steht dann Alis schlimmer Streich
Dann sieht's mit dir womöglich finster aus
Wasser ist nicht wie ein Traum:
Hier kommst du rein
Und hier wieder raus
Und auf der Kreuzung pfeift der Polizist
Wenn etwas zu gefährlich ist
Du stehst Gott sei Dank auf festem Grund
Bist weder blind noch grindig, bist gesund
Was fehlt dir denn?
Du kannst auf eine Wallfahrt ziehn
Du kannst mit der Eisenbahn dorthin
Du kannst wachsen, kannst dich tätowieren und

Mit den Straßenjungen von Stadtmitte dolle Dinger drehn
Willst du denn das alles nicht mehr sehn
Willst du nie mehr auf der Schaukel stehn
Nie mehr in den Jahrmarktkintopp gehn?
Jetzt kommt die Zeit für Eis, für Pflaumen, Äpfel, Gurken;
hast du darauf keine Lust
Bald sind Passionsspiele, die Prozessionsteilnehmer
schlagen sich die Brust
O Ali, dummer kleiner Ali, Kind
Glaubst du, dass Totenbahren besser als Matratzen sind?
Nimm an, du kommst bis zum salzigen Meer
Du fängst den Rumtreiber und bringst ihn her
Was ist ein Fisch denn schon?
Ein Fisch wird weder Glaube noch zu Brot
Selbst für das kleinste Kleidungsstück
tut mehr als so ein Fetzen Fischhaut not
Und wenn du jenen Fisch berührst
Dann stinkst du bald von Kopf bis Fuß
In alle Nasen steigt dann dein Geruch
Sodass man dir den Rücken kehren muss
Lass ab von so unnützen Dingen
Mit hundert wertlosen Ideen
Wird dir doch nichts Rechtes gelingen
Leg deinen Kopf aufs Kissen und schließ die Augen dicht
Halt dich gut fest am Sattelknauf, denn reiten kannst du noch
nicht.“

Das Wasser wurde unruhig, seine Geduld verfloss
Sodass es sich, um fortzufließen, aus dem Teich ergoss
Als ob es riefe in der Dunkelheit
So eine Scheiße! So 'ne Dämlichkeit
Reden doch nur Leute, die dich nicht verstehn
Die, wenn sie je in ihrem lieben, langen Leben träumen
Im Traum nur Zwiebeln, Gürkchen, Yoghurt,
        Reis und Kebab sehn
Was soll der Fisch mit solchen Fresssäcken und Weinschläuchen,
        die recht betrachtet
Nicht er allein, sondern sogar sein Hund verachtet
Das ist ein Fisch, der im Wasser Sterne pflückt
Und wenn er einen im Traum besucht,
Ihm seinen Traum mit Sternen schmückt
Und nimmt ihn mit und bringt ihn weg
Aus dieser bedrückenden Welt zwischen Mauern
In der an allen Ecken Uhren, Müdigkeit und Langeweile lauern
Aus einer Welt von Nudelsuppe, Klatsch und Schlamperei
Mit Kastrationsschmerz, Schmerz von Durchfall
        und von Völlerei
Aus einer Welt des Fingerschnippens und der Tändelei
Der Hochzeitsfeiern und Ehrpusselei
Aus einer Welt des Rumlungerns am Straßenrand
Wo Mullas auf arabisch den Koran vortragen im Diskant
Der Welt, wo man im Morgengrauen
Zum Heerplatz geht
Um sich die Hinrichtungen anzuschaun
Und wo man abends spät

Über den Tod des edlen Räubers Agha Bala weint
Aus einer Welt, wo jedesmal, wenn sich ihr Gott
Auf ihren Wegen zeigt
Eine Handvoll widerlicher Witwen hinter seinem Rücken steht
Und eine Handvoll Halbstarker mit Messern vor ihm geht
Aus einer Welt, in der, wohin man tritt
Aus ihrem Radio eine Stimme tönt.
Er bringt ihn weg, er bringt ihn weg aus diesem Madensack, aus diesem Dreck
Von dieser Pest bringt er ihn in das reine, klare Himmelswasser weg
Ganz leicht trägt er ihn sogar bis zur Milchstraße da oben weg.

Ein Falter fiel ins Wasser und ertrank im Nu
Der kleine Ali
Saß am Teich
Und hörte dem Wasser zu
Als ob ihn jemand von dort unten riefe
Von jenen Lichterbeeten aus der Tiefe
Der dort seufzte
Und mit seiner feuchten, kalten Hand gegen seine Füße klatschte
Und ihm sagte: „Achtung, fertig, los
Spring doch, Ali, wo bleibst du bloß?
Ich bin hier in diesem dunklen, nassen Raum, mein Ehrenwort
Wirklich, Ali, du kannst mir glauben
Ich bin der Fisch aus deinem Traum, mein Ehrenwort
Ich hab die Diele fegen und wischen lassen
Und die Perlenvorhänge abstauben
Sodass sie wieder glänzen wie neu

Das machen meine Diener treu
Meine kristallne Sänfte steht für uns bereit
Und nicht mehr als drei, vier Tagesreisen weit
Kommen wir zum Meer und seinen immergrünen Auen
Zu seinen schönen Schaumflockenherden
Die nicht von Hirten gehütet werden
Zu endlosen Wandelhallen aus Licht
Die Perlmuttpaläste dort bewacht man nicht
Denk nur dran, dir unterwegs
Acht, neun Perlen mitzunehmen von den vielen
Später können wir damit nach Herzenslust
Miteinander Murmeln spielen
Ali, ich bin ein Kind der See, und mein Atem ist rein
Das Meer ist gleich da hinten, wo das Land zu Ende geht
Und wer das Meer sein Lebtag nicht gesehen hat
Was glaubst du wohl, was der vom Leben schon versteht?
Ich hab es satt, mir wird ganz schlecht von diesem Schlamm, dem Stinken
Nun mach schon, warte doch nicht, bis wir beide
Bis zum Halse darin stecken und im Schlamm versinken.
Nun komm doch endlich, kleiner Ali, spring
Sonst, tut mir leid, sind wir geschiedne Leute."

Plötzlich kam das Wasser hoch, umschlang ihn und zog ihn hinab
Als ob es sein Liebchen holte und so zog es ihn in sein Grab
Silbrige Kreise um Kreise
Drehen sich im Kreise

Bis sie müde ans Ufer gelangen
Die Wellen recken sich und strecken sich
Dann liegen sie wieder im tiefen Teich gefangen
Gluck gluck gluck platsch platsch
Gluck gluck gluck platsch platsch
Und an der Wasseroberfläche bleiben
Nur ein paar Blasen, die im Dunkeln treiben

– Wo ist Ali bloß?
– Der wird im Garten sein,
– Was ist mit ihm los?
– Er pflückt Pfläumelein.
Pflaumen, die im Garten Eden sind
Na, dann gesegnete Mahlzeit, mein Kind!

Der Vogel war nur ein Vogel

Der Vogel sprach: „Was für ein Duft und was für Sonnenschein!
Der Frühling ist gekommen
Ich werde mich auf die Suche nach meinesgleichen machen."

Der Vogel flog vom Rand eines Eiwāns
Wie eine Botschaft flog er fort

Der Vogel war klein
Der Vogel dachte nicht nach
Der Vogel las nicht Zeitung
Der Vogel hatte keine Schulden
Der Vogel kannte die Menschen nicht

Der Vogel flog durch die Luft
Und über die Warnlampen weg
In die Höhe der Unwissenheit
Und wie im Wahn erlebte er
Die blauen Augenblicke

Der Vogel – war nur ein Vogel

schuldenvogel

Iran, Iran über alles *oder* **O du Land voller Juwelen**

Ich hab's geschafft
Ich bin jetzt registriert
Ich habe mich mit einem Namen
In einem Ausweis ausgezeichnet
Und meine Existenz mit einer Nummer
Amtlich beglaubigt
So lebe nun 678 der Abteilung 5, wohnhaft in Teheran

Nun bin ich aller Sorgen ledig
Am warmen Busen meines Mutterlands
Mit dem Nuckel einer ruhmreichen Geschichte
Dem Schlaflied von Kultur und Zivilisation
Dem klapp klapp aus der Klapper des Gesetzes…
Ach
Nun bin ich aller Sorgen ledig

Vor lauter Freude
Bin ich ans Fenster getreten und habe
        sechshundertachtundsiebzigmal die Luft
        die geschwängert ist von Staub und Dreck
Und dem Geruch von Abfall und Urin
Tief in meine Lungen eingeatmet

Habe sechshundertachtundsiebzig Schuldscheine unterzeichnet
Und auf sechshundertachtundsiebzig Bewerbungen geschrieben:
Forugh Farrochsād

Im Land der Dichter und der Rosen und der Nachtigallen
Zu leben, das ist ein Geschenk, und dies erst recht
Wenn deine Existenz nach langen Jahren
Endlich anerkannt wird
Ein Ort, da ich
Mit meinem ersten rechtlich anerkannten Blick
durch einen Spalt im Vorhang
sechshundertachtundsiebzig Dichter sehe
Und diese Gaukler, seltsam, bettelarm gekleidet
Wühlen im Müll und suchen dort nach Reim und Rhythmus
Meine ersten rechtlich anerkannten Schritte scheuchen
Auf einmal sechshundertachtundsiebzig mysteriöse Nachtigallen
aus den dunklen Mooren auf
Die sich zum Zeitvertreib
In sechshundertachtundsiebzig alte, schwarze Krähen
verwandelt haben
Und sie fliegen faul zum Saum des Tages
Und mein erstes rechtlich anerkanntes Atemholen
Wird durchtränkt vom Duft von sechshundertachtundsiebzig
Rosenzweigen
Hergestellt im riesigen Fabrikhause der Firma Plasco

Es ist eine Gottesgnade, hier zu leben, ja doch
Am Geburtsort von Hochwürden Clown,
dem Stehgeiger und Kuppler

Und Hochwürden Herzundschmerz, dem Trommler der Familie
Lautenschläger
In der Stadt üppiger Stars mit Schenkeln, Backen, Brüsten
auf dem Titelblatt der Kunst
An der Wiege der Vordenker des „Was geht das mich an,
lass mich doch in Ruhe"
Im Heimatland der Olympiade großer Geister – oh mein Gott!
An der Stätte, da dich, kaum berührst du
irgendwelche audiovisuellen Medien
Die Posaune des Genies des Jahres, einer großen Neuentdeckung
anbläst
Und was die Geistesgrößen der Nation betrifft
Wenn sie in Kursen in der Volkshochschule auftreten
Trägt jeder stets sechshundertachtundsiebzig schicke Apparate
auf der Brust
Und an beiden Armen sechshundertachtundsiebzig Luxusuhren,
reihenweise
und sie wissen
Dass die Ohnmacht nur von leeren Taschen herrührt, nicht von
leeren Köpfen

Ich hab's geschafft, o ja, ich hab's geschafft
Jetzt werde ich aus Freude über diesen Sieg
Feierlich sechshundertachtundsiebzig Kerzen auf Kredit
am Fuße meines Spiegels anzünden
Auf einen Absatz in der Mauer steigen und
mit ihrer gütigen Erlaubnis ein paar Worte

Über die legalen Lebensfreuden an Sie richten
Und den ersten Spatenstich für das erhabne Bauwerk
meines Lebens
Setze ich unter lebhaftem Beifall
Auf meinem eignen Scheitel an
Jetzt bin ich ja am Leben
(Wie der alte Lebensfluss von Isfahan, der einst lebendig war)
Und will von allen Privilegien der Lebendigen profitieren

Ich kann von morgen an
Durch die Straßen unsrer Stadt, die so voll von Gaben der Nation
sind,
Zwischen sorgenfreien, dunklen Schatten von
Telegraphenmasten rumspazieren und
Voller Stolz sechshundertachtundsiebzigmal
An die Wände öffentlicher Toiletten schreiben:
Ich schrieb Verse, über die die Esel lachen

Ich kann von morgen an
Als glühende Patriotin
Das Los des Vaterlandes, das hehre Ideal, auf das das ganze Volk
Sich jeden Mittwoch nachmittag
Mit Bangen und Verlangen konzentriert
In Herz und Sinnen tragen
Ein Los von jenen Tausend
Tausend-Riāl-Begierden-Nährenden
Die zum Erwerb von Kühlschränken, von Möbeln und
von Vorhängen genügen

Oder die man im Austausch für sechshundertachtundsiebzig
Stimmen
Sechshundertachtundsiebzig Söhnen meines Vaterlandes
geben kann

Ich kann von morgen an
Im Hinterzimmer von Chātschiks Spelunke
Nach ein paar tiefen Zügen
Von ein paar Gramm erstklassigem und reinem Stoff
Nach dem Genuss von ein paar Glas unreiner Pepsi Cola
Und vielen Ohs und Ahs und anderen Ausrufen
Ordentliches Mitglied
Im leerköpfigen Lehrkörper, im überschäumenden Abschaum
Der geistigen Elite werden
Und Anhänger der Ach-ach-hach-hach-Schule
Und den ersten Entwurf zu meinem großen Roman
(Er müsste gegen sechzehnhundertachtundsiebzig
Nach dem mystischen Kalender des Tabriser Meisters von Rumi
Ordnungsgemäß in einer abgebrannten Druckerei in Druck
gehen)
Kritzle ich auf beide Seiten
von sechshundertachtundsiebzig Schachteln
Zigaretten von der Marke Oschnu Extra

Ich kann von morgen an
Mit voller Zuversicht
Zu sechshundertachtundsiebzig Sitzungen
des Clubs mit seinen samtbezognen Sesseln gehen

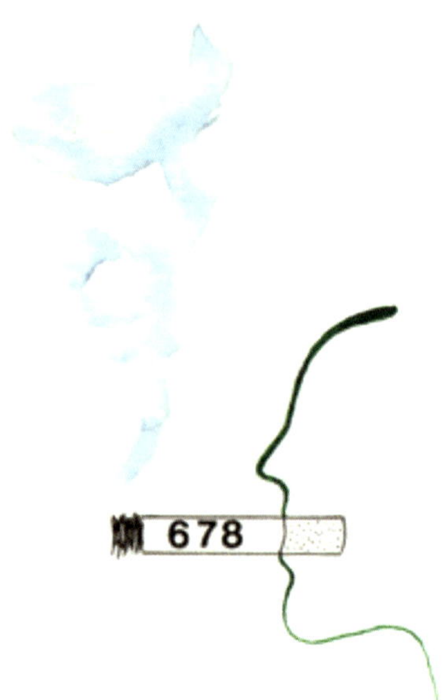

tiefer zug

In die Versammlungen des innern Kreises und der Sicherheit
In die Versammlungen der Lobeshymnen und der Preisverleiher
Denn ich lese alle Ausgaben von Kunst und Wissenschaft
und von Huldigung und Schmeichelei
Und ich habe einen sehr „gepflegten Stil".

Ich habe meinen Fuß in die Arena
Des Daseins in der schöpferischen Menge gesetzt
Die, wenn sie auch kein Brot hat, doch stattdessen
Über eine weite, umfassende Sicht verfügt
Und ihre aktuellen Grenzen auf dem Stadtplan
Sind im Norden der grüne, saftige Erschießungsplatz
Im Süden der ehrwürdige Hinrichtungsplatz
Und in den dichtbevölkerten Bezirken der Kanonenplatz

Und unter dem Schirm des strahlenden Himmels
in der Sicherheit seines Sicherheitsdienstes
Stehn sechshundertachtundsiebzig schwerfällige Schwäne,
Gipsfiguren
Und sechshundertachtundsiebzig Engel – diese Puttenherde
Ist auch nur aus Staub und Erde –
Die von früh bis spät für Recht und Ordnung werben

Ich hab's geschafft, jawohl, ich hab's geschafft
So lebe nun 678 der Abteilung 5, wohnhaft in Teheran
Die mit Fleiß und Willenskraft

So weit emporgestiegen ist, dass sie
        im Rahmen ihres Fensters
Sechshundertachtundsiebzig Meter hoch
        über der Erdoberfläche steht

Sie hat die hohe Ehre
Dass sie sich aus diesem Fenster
        – nicht die Treppe hinunter –
Kopflos kopfüber in den Schoß des lieben Mutterlandes stürzen
        kann

Und ihr letzter Wille ist
Dass der Oberlehrer Abraham Sahbā
        für sechshundertachtundsiebzig Münzen
Eine Elegie voll blöder Reime
        als Trauerrede auf ihr Leben schreibt

Ich werde die Sonne wieder grüßen

Ich werde die Sonne wieder grüßen
Das Rinnsal, das in mir floss
Die Wolken, die meine langen Gedanken waren
Das schmerzhafte Wachsen der Silberpappeln im Garten,
die mit mir
Die trockene Jahreszeit überstanden
Die Krähenschwärme
Die mir den Duft der nächtlichen Felder schenkten
Meine Mutter, die im Spiegel lebte
Und die so wie ich im Alter aussah
Und die Erde, deren brennender Schoß
von der Lust meiner Replik
Vollgestopft wurde mit grünen Samen
– ich werde sie wieder grüßen

Ich komme, ich komme, ich komme
Mit meinem Haar: der Fortsetzung von unterirdischen Gerüchen
Mit meinen Augen: dem Erleben dichter Dunkelheit
Mit den Büschen, die ich aus den Hainen
jenseits der Mauer geschnitten habe
Ich komme, ich komme, ich komme
Und die Schwelle füllt sich mit Liebe

Und ich auf der Schwelle werde jene, die lieben
Und das Mädchen, das noch dort ist
Werde ich, auf der Liebe-vollen Schwelle stehend, wieder
grüßen.

Ich starb an dir

Ich starb an dir
Und doch warst du mein Leben

Du gingst mit mir
Du sangst in mir
Wenn ich ohne jedes Ziel
Durch die Straßen wanderte
Du gingst mit mir
Du sangst in mir
Aus den dunklen Ulmen ludest du
Die verliebten Spatzen ein
In den Morgen unsres Fensters
Wenn es Abend wurde und dann Nacht
Wenn die Nacht nicht enden wollte
Ludst du aus den dunklen Ulmen
Die verliebten Spatzen ein
In den Morgen unsres Fensters

Du kamst mit deinem Licht in unsre Gasse
Du kamst mit deinem Licht
Sobald die Kinder gingen und
Die Akazienblüten einschliefen

vogelliebe

Und ich mit meinem Spiegelbild allein blieb
Dann kamst du mit deinem Licht…

Du verschenktest deine Hände
Du verschenktest deine Augen
Du verschenktest deine Güte
Wenn ich hungrig war
Du verschenktest selbst dein Leben
Du warst großzügig wie Licht

Tulpen pflücktest du
Und bedecktest mir das Haupt
Wenn mein Haar vor Nacktheit zitterte
Tulpen pflücktest du

Deine Wangen presstest du
Gegen die Angst in meinen Brüsten
Wenn ich
Nichts mehr sagen konnte
Deine Wangen presstest du
Gegen die Angst in meinen Brüsten
Und du lauschtest
Meinem Blut,
Das klagend floss
Meiner Liebe, die weinend starb

Du hörtest zu
Aber du sahst mich nicht

Wiedergeburt

Mein ganzes Sein ist wie ein dunkler Spruch
Der dich in sich wiederholend
Zum Morgengrauen ewigen Erblühens und Gedeihens tragen
wird
Ich habe dich in diesem Vers geseufzt
Ich habe dich in diesem Vers
Mit Baum und Feuer und Wasser verbunden

Das Leben ist vielleicht
Eine lange Straße, die eine Frau mit einem Korb
täglich entlanggeht
Das Leben ist vielleicht
Ein Strick, mit dem ein Mann sich an einem Ast erhängt
Das Leben ist vielleicht ein Kind, das aus der Schule heimkehrt

Das Leben mag vielleicht das Anzünden einer Zigarette sein
in einem Augenblick der Schlaffheit zwischen zwei
Umarmungen
Oder das zerstreute Vorbeigehn eines Passanten
Der seinen Hut abnimmt
Und einem, der vorübergeht, mit einem Lächeln, das nichts
bedeutet, „Guten Morgen" sagt

Das Leben ist vielleicht jener begrenzte Augenblick
In dem mein Blick sich in den Pupillen deiner Augen selbst
vernichtet
Und in dem ein Gefühl ist
Das ich mit dem Erfassen des Mondes
und der Wahrnehmung der Finsternis vermischen werde
In einem Zimmer, das so groß ist wie eine Einsamkeit
Mein Herz
Das so groß ist wie eine Liebe
Die schlichten Gründe seines Glücks betrachtet
Das schöne Sterben der Blumen in der Vase
Den jungen Baum, den du im Gärtchen unsres Hauses pflanztest
Und das Lied der Kanarienvögel
Die nach dem Maße eines Fensters singen

Ach…
Dies ist mein Teil
Dies ist mein Teil
Mein Teil ist
Der Himmel, den das Aufhängen von Gardinen mir nimmt
Mein Teil ist, eine verlassene Treppe hinabzugehen
Und bei etwas zwischen Fäulnis und Fremde anzukommen
Mein Teil ist ein trauriger Spaziergang im Garten der Erinnerung
Und im Kummer einer Stimme den Geist aufzugeben,
die zu mir sagt:
„Ich liebe
Deine Hände“

zwillingskirschen

Meine Hände pflanze ich in den kleinen Garten
Sie werden grünen, ich weiß, ich weiß, ich weiß es
Und in meine tintenbekleckten hohlen Hände
Werden Schwalben ihre Eier legen

Ohrringe hänge ich mir an beide Ohren
Aus zwei roten Zwillingskirschen
Und auf meine Nägel klebe ich Dahlienblätter
Es gibt eine Gasse, in der
Die Jungen, die in mich verliebt waren, noch
Mit denselben unordentlichen Haaren, schlanken Hälsen
und dünnen Beinen
An das keusche Lächeln des Mädchens denken, das eines Abends
Der Wind forttrug
Es gibt eine Gasse, die mein Herz
Aus den Vierteln meiner Kindheit gestohlen hat

Die Reise durch den Raum auf der Linie der Zeit
Mit einem Raum die trockene Linie der Zeit zu schwängern
Einem Raum, der weiß von dem Bild
Das vom Gastmahl eines Spiegels zurückkehrt

Und es ist so
Dass einer stirbt
Und einer bleibt

Kein Fischer wird je in einem kläglichen Rinnsal
das in eine Sickergrube fließt, eine Perle finden

aus einem kuss geboren

Ich
Kenne eine kleine, traurige Nixe
Die wohnt in einem Ozean
Und ihr Herz spielt leise, leise
Auf einer Zauberflöte
Eine kleine, traurige Nixe
Die abends stirbt an einem Kuss
Und im Morgengrauen aus einem Kuss
geboren werden wird

Unstet

Wie lange muss ich noch so weiterwandern
Von einem Flecken Erde zu dem anderen
Ich kann nicht, kann nicht mehr, stets auf der Suche
Die ganze Zeit: nach Liebe – einem Freund, nach einem andern
Ach, wären wir doch nur zwei Schwalben
Und unser ganzes Leben unterwegs
Von einem Frühjahr zu dem andern

Schon lange ist es so, dass schwere
Von Schwärze schwangre Wolken über mich
Sich gleichsam ausgeschüttet haben
Da ich mich auflöse – mit einem Kuss
Auf meinen Lippen – denke ich
Ein flüchtiges Parfum verweht

Ach, meine Liebe ist so voller Kummer
Vergiftet durch die Furcht vor dem Erlöschen
Damit mein ganzes Leben zittert
Brauch ich nichts weiter als dich anzuschauen
Es ist, als säh‘ ich aus dem Fenster
Den einen Baum mit seinem vollen Laub
In gelbem Fieber welken und vergehen

augentropfen

Nacht und Tag
Nacht und Tag
Nacht und Tag

Lass mich
Vergessen

Was bist du andres als ein Augenblick
Der Augenblick, der mir die Augen öffnet
Für die Leere des Bewusstseins

Lass mich
Vergessen

Es geht die Sonne auf

Schau die Trauer in meinen Augen
Wie sie schmilzt und Tropfen für Tropfen fällt
Wie mein schwarzer Schatten widerwillig
Der Sonne als Gefangener in die Hände fällt
Schau
Wie mein ganzes Sein in Scherben fällt
Ein Funke macht mich an
Facht mich an
Ficht mich an
Schau
Wie an meinem ganzen Himmel
Eine Sternschnuppe nach der andern fällt

Du kamst von weit und kamst mir zu Gesicht
Du kamst aus einem Land von Duft und Licht
Du setztest mich in jenes Schiff
Von Elfenbein und von Kristall, ohne Gewicht
Nun bring mich, meine süße Hoffnung, fort
Bring mich ins Land der Leidenschaften, das Gedicht.

Auf einer Straße voller Sterne fährst du mich
Hinaus über die Sterne führst du mich
Schau

Ich habe mich an einem Stern verbrannt
Am Übermaß von Sternen, das mich fiebern macht
Und mich nach ihnen schnappen lässt
Wie einfältige Goldfische im Teich der Nacht

Wie weit es früher von der Erde
Zu jenen blauen Himmelslogen war
Doch jetzt
Dringt deine Stimme wieder an mein Ohr
Als rauschte dort ein schneeig-weißes Engelsflügelpaar,
Sieh an, wie weit ich jetzt gekommen bin, empor
Zur Milchstraße ins All, das Raum und Zeit gebar.

Hier oben lass uns jetzt für immer sein
Wasch mich in dieser Wogen Wein
Und wickle mich in deine Seidenküsse ein
Begehre mich in dieser grenzenlosen Nacht
Und lass mich nie mehr los
Lass mich auf ewig in der Sterne Schoß

Schau das Wachs der Nacht auf unserm Weg
Wie es schmilzt und Tropfen für Tropfen fällt
Wie die schwarze Karaffe meiner Augen
Sich zum Klange deines warmen Wiegenlieds
Bis zum Rande mit dem Wein des Schlafes füllt
Auf die Wiege meiner Dichtung
Schau
Es weht dein Atem, und es geht die Sonne auf.

Auf der Erde

Nie hab ich gewünscht
Als Stern im Bild, das uns der Himmel vorspiegelt, zu stehen
Oder wie die Seelen der Erwählten
Still mich unter Engeln zu ergehen
Nie stand ich der Rede fern
Nie war ich vertraut mit einem Stern
Auf der Erde stehe ich
Mit beiden Beinen, fest wie Pflanzenstängel
Die Sonne, Wind und Wasser saugen
Um zu leben

Schwer beladen mit Sehnsucht
Schwer beladen mit Schmerzen
Stehe ich auf der Erde
Auf dass die Sterne mich loben
Auf dass die Lüfte mich laben

Aus meinem Fenster schaue ich
Nur der Klang von einem Lied bin ich
So vergänglich wie das Ried bin ich
Nur den Klang von einem Liede suche ich
Im Stöhnen einer Lust, die lautrer ist
Als die schlichte Stille jenes Kummers

das flehen

Nicht nach einem Nest such‘ ich
In einem Körper, der wie Tau ist
Auf die Lilie meines Leibs

Auf die Wand der Hütte, die mein Leben ist
Haben mit dem schwarzen Strich der Liebe
Jene, die vorüberzogen, zur Erinnerung
Ein paar Zeichen hingekritzelt:
Ein durchbohrtes Herze
Eine umgeworfene Kerze
Stumme, ausgebleichte Punkte
Über wirren, irren Lettern

Jeder Mund, der meinen Mund berührte
Zeugte einen Stern in meiner Nacht
Der sich niederließ
Auf dem Strom meiner Erinnerungen
Wozu sollte ich wohl einen Stern begehren?
Dies hier ist mein Lied
Herzergreifend, herzerweichend
Eher als dies war nicht mehr denn dies

Gasel

Erhöre jeden Abend, was mein Herz dir sagt
Und dann vergiss mich morgens wieder, wenn es tagt
H. E. Ssāyé

Du hörst auf meiner Stimme Flehen wie ein Stein
So taub und fühllos wie du bist, war nie ein Stein

Verwirrender Versucher, wie du anklopfst, so
Prasselt der Frühlingsregen an mein Fensterlein

Und wenn du meinen liebevollen, grünen Leib
Umarmst, umgibst du ihn mit totem Laub allein

Mit deiner Flamme brennst du mir die Augen aus
Und du bekommst mir schlechter als der stärkste Wein

Dein Goldfisch schwimmt im Weiher meines roten Bluts
Du trinkst mich leer: mögst du den Rausch nur nicht bereun!

Im violetten Tal des Sonnenuntergangs
Erdrückst du und erstickst den Tag am Busen dein

Im Schatten sitzt Forugh, dein Funke, der erlosch
Soll sie wie du, Ssāyé, ein schwarzer Schatten sein?

Wahrnehmung

Auf einem kleinen Lampenschirm
Verzehrte sich das Tageslicht
Plötzlich füllte Nacht das Fenster an
Eine Nacht voll dicht gedrängter, leerer Stimmen
Eine Nacht, vergiftet vom Pesthauch des Alters
Eine Nacht...

Ich horchte
In der dunklen angsterfüllten Straße
Zertrat
Jemand sein Herz, sozusagen
Wie eine faule Frucht
In der dunklen, angsterfüllten Straße
Barst ein Stein
Ich horchte

Mein Puls, er raste von dem Aufruhr meines Bluts
Und mein Körper...
Mein Körper war daran
Sich aufzulösen

In den krummen, schiefen Linien an der Decke
Sah ich mein eigenes Auge

Wie eine schwere Zecke
Eintrocknen, in Schleim, in Gelbsucht, pochend
Allmählich sank ich allem Aufbäumen zum Trotz
Wie in stehendem Wasser
Setzte ich mich nach und nach am Boden ab
Allmählich
Füllte sich mein Wasserloch mit Schlamm

Ich horchte
Horchte auf mein ganzes Leben
Eine Maus, verabscheut, die in ihrem Loch
Unverschämt
Ein hässlich-blödes Lied singt
Ein garstiges, sinnloses Quietschen
Das sich einen kurzen Augenblick im Kreis dreht
Und vergeht unter der glatten Oberfläche des Vergessens

O, ich war voller Sehnsucht – Todessehnsucht
In meinen beiden Brüsten stach es fiebrig-heiß
O
Ich musste daran denken, wie
Ich zum ersten Mal die Blutung hatte
Als mein ganzer Leib
Sich öffnete zu einem unschuldigen Staunen
Um eins zu werden mit dem Unbekannten, dem Geheimnis, dem Verborgenen

der barbar

Auf einem kleinen Lampenschirm
Verlosch das letzte Tageslicht
Gähnend in einem zittrigen Strahl

Mein Geliebter

Mein Geliebter
Steht mit seinem schamlos nackten Leib
Auf seinen starken Beinen
Aufrecht wie der Tod

Ruhelose, wirre Linien
Folgen
Den festen Formen
Seiner aufsässigen Glieder

Mein Geliebter
Stammt, bin ich versucht zu sagen, von vergessenen
Geschlechtern ab

Man möchte sagen, ein Tatar
Lauert in seinen Augenwinkeln
Ständig auf einen Reitersmann
Man möchte sagen, ein Barbar
So wild und frisch blitzt sein Gebiss
Das warme Blut des Wildbrets zieht ihn an

Mein Geliebter
Wie die Natur

Besitzt er einen zwingenden, eindeut‘gen Sinn
Mit meinem Unterliegen
Bewies er
Das unumstößliche Gesetz des Stärkeren

Er ist wild und frei
Wie die gesunde Überlebenskraft
Tief im Innern einer unbewohnten Insel
Er wischt sich
Mit den Fetzen von dem Zelt Madschnuns
Den Staub der Straßen von den Schuhen

Mein Geliebter
Wie ein Gott in seinem Tempel in Nepal
Vom Anfang seines Daseins an, bin ich versucht zu sagen
War er ein Fremder
Er
Ist ein Mann vergangener Jahrhunderte
Ein Zeichen der Beständigkeit der Schönheit

Er erweckt sich herum
Wie der Geruch der Kindheit
Ständig unschuldige Erinnerungen
Er ist so wie ein schönes, volkstümliches Lied
Voller Wildheit und Direktheit

Hingebungsvoll liebt er
Lebenskörner
Staubkörner

mondschiffer

Menschenleid
Reines Leid

Hingebungsvoll liebt er
Einen Weg in einem Garten auf dem Land
Einen Baum
Eine Schale Eis
Eine Wäscheleine

Mein Geliebter
Ist ein schlichter Mensch
Ist ein schlichter Mensch, den ich
In diesem Unglücksland voll Unerhörtem
Wie das letzte Zeichen eines wunderbaren Glaubens
Zwischen den Dornenbüschen meiner Brustwarzen
Geborgen habe.

II

Allein die Stimme bleibt

Warum sollte ich hier stehenbleiben, warum?
Die Vögel sind auf ihrer Suche fort zum Blau geflogen
Der Horizont steht senkrecht
Der Horizont steht senkrecht, die Bewegung ist fontänengleich
Soweit das Auge reicht
Kreisen leuchtende Planeten
Die Erde wiederholt sich in der Höhe
Die Luftlöcher
Verwandeln sich in Kommunikationskanäle
Von solcher Weite ist der Tag
Dass er die enge Vorstellung der Zeitungswürmer sprengt

Warum soll ich hier stehenbleiben?
Der Weg führt durch haarfeine Äderchen des Lebens
In der Gebärmutter des Mondschiffs werden die
Umweltbedingungen die kranken Zellen töten
Und im Raume der Chemie nach Sonnenaufgang
Ist es nur die Stimme
Allein die Stimme, die zum Pol der Zeitpartikel wird
Warum sollte ich hier stehenbleiben?

Was kann der Sumpf denn sein
Was kann er sein als eine Brutstätte eklen Gewürms
Aufgedunsene Kadaver kritzeln
Des Leichenschauhauses Gedanken
Seine Charakterlosigkeit
Verbirgt der Feigling in der Dunkelheit
Und die Kakerlaken… ach
Wenn die Kakerlaken Reden halten
Warum sollte ich hier stehenbleiben
Umsonst verbinden sich die Bleilettern
Ihr Bündnis wird
Nicht einen einzigen armseligen Gedanken retten
Ich bin vom Stamm der Bäume
Und es bedrückt mich, abgestandne Luft zu atmen
Ein toter Vogel lehrte mich, das Fliegen im Gedächtnis
zu behalten

Das letzte Ziel von aller Anstrengung ist die Vereinigung
Ist die Vereinigung
Mit dem leuchtenden Wesen der Sonne
Sich in den Geist des Lichtes zu ergießen
Es ist nur natürlich
Dass die Windmühlen verwittern
Warum sollte ich hier stehenbleiben?
Ich nehme die unreifen Weizenähren an meine Brust
Und stille sie.

Die Stimme, die Stimme, allein die Stimme
Der Klang des klaren Willens des Wassers zu fließen
Das Echo vom Fall des Sternenlichtes auf die Bauchdecke
des Weibes Erde
Die Stimme, die den Samen der Bedeutung bindet
Die Erweiterung der Empathie der Liebe
Die Stimme, die Stimme, die Stimme, allein die Stimme bleibt

Im Land der Zwerge
Bewegte sich das Standardmaß
Stets nur um Null
Warum sollte ich hier stehenbleiben?
Ich gehorche den vier Elementen
Und die Regeln der Verfassung meines Herzens
Regelt nicht das hiesige Regime der Blinden

Was soll mir das lange Stöhnen der Wildheit
Um die tierischen Geschlechtsorgane
Was soll mir das elende Zappeln des Wurms in einem Fleischloch
Mich hat der blutige Ursprung der Blumen
dem Leben verbunden
Der Blumen blutiger Ursprung, dass ihr es wisst!

Mein Herz ist bedrückt

Mein Herz ist bedrückt
Mein Herz ist bedrückt

Ich trete auf den Balkon, und meine Finger streichen
Über die gespannte Haut der Nacht
Die Lampen der Beziehungen sind erloschen
Die Lampen der Beziehungen sind erloschen

Niemand wird mich
Der Sonne vorstellen
Niemand wird mich
zu den Gastmählern der Spatzen mitnehmen

Behalte den Flug im Gedächtnis!
Der Vogel ist sterblich.

Einer der wie niemand anders ist

Im Traum habe ich einen kommen sehen
Ich habe von einem roten Stern geträumt
Meine Augenlider flattern noch
Meine Schuhe suchen ihresgleichen
Bei meinem Augenlicht
Ich lüge nicht
Im Wachen habe ich
Von diesem roten Stern geträumt
Einer kommt
Einer kommt
Ein anderer
Ein besserer
Einer, der wie niemand anders ist
        Weder mein Vater
        Noch wie Enssi
        Noch wie Jahjā
        Noch wie Mutter
Er ist nur wie jener, den es geben muss
Er ist größer von Gestalt
Als die Bäume um das Haus des Architekten
Sein Gesicht glänzt heller als der Herr der Zeit
Und er fürchtet Ssejjed Dschawāds Bruder nicht

Den, der fortging
Um die Uniform der Polizei zu tragen
Ja, er fürchtet nicht mal Ssejjed Dschawād selbst
Dem doch unser ganzes Haus gehört
Und er heißt wie der, den Mutter anruft
Zu Beginn ihrer Gebete und am Ende
Er ist der Richter aller Richter
Oder der Geber aller Gaben
Er kann
Alle schweren Wörter aus dem Lesebuch der dritten Klasse
Sogar mit geschlossenen Augen lesen
Selbst Tausend kann er von
Zwanzig Millionen abziehn ohne einen Fehler
Er kann sich alles, was er will, in Ssejjed Dschawāds Laden
kaufen und anschreiben lassen
Er kann auch machen, dass die Neonschrift „Allāh“
Die grün und glänzend wie der frühe Morgen strahlte
Wieder im Himmel leuchtet
Über der Meftāhijān-Moschee
Ach…
Wie schön das Licht ist
Wie schön das Licht ist
Wie schön es wäre
Wenn Jahjā
Einen Leiterwagen hätte
Und eine Gaslaterne
Wie schön es wäre
Wenn ich auf dem Leiterwagen säße
zwischen Kürbis und Melonen

neonschrift
allah

Und um den Mohammadijeh-Platz fahren könnte
Ach…
Wie schön ist es, um diesen Platz zu fahren
Wie schön, nachts draußen auf dem Dach zu schlafen
Wie schön, den Volkspark zu besuchen
Wie schön, ins Kino von Fardin zu gehen
Wie gut mir Pepsi Cola schmeckt
Wie gut mir alles das gefällt
Wie gerne würde ich
Die Tochter von Ssejjed Dschawād
          mal an den Haaren ziehen

Warum bin ich nur so klein
Dass ich mich verlaufe auf der Straße
Warum tut Vater, der doch groß ist
Und der sich auf der Straße nicht verläuft
Nichts, damit der
          der mir im Traum erschienen ist, schon eher kommt
Und die Leute, die beim Schlachthaus wohnen
Deren Garten blutig ist
Deren Wasserbecken blutig ist
Deren Schuhsohlen auch blutig sind
Warum tun die nichts
Warum tun die nichts

Wie faul die Wintersonne ist

glückliches schlachthaus

Die Treppe, die zum Dach führt, habe ich gefegt
Und alle Fenster habe ich geputzt
Wie kommt es nur
Dass Vater bloß träumt, wenn er schläft

Die Treppe, die zum Dach führt, habe ich gefegt
Und alle Fenster habe ich geputzt

Einer kommt
Einer kommt
Einer, der mit uns fühlt und mit uns atmet, für uns spricht
Einer, den niemand hindern kann
Zu uns zu kommen
Den niemand festnehmen und ins Gefängnis sperren kann
Einer, der unter Jahjās alten Bäumen
Ein Kind bekommen hat
Und Tag für Tag
Wächst und wächst und immer größer wird
Einer vom Regen, von dem Klang der Regentropfen
        und vom Flüstern der Petunien

Einer kommt aus dem Feuerwerk am Himmel
        des Kanonenplatzes
Breitet das Tischtuch aus
Und teilt das Brot aus
Teilt Pepsi Cola aus
Und teilt den Volkspark auf
Teilt Hustensirup aus

Teilt Einschreibtage auf
Teilt Nummern aus fürs Krankenhaus
Teilt Gummistiefel aus
Teilt Karten aus fürs Kino von Fardin
Und teilt die Bäume auf von Ssejjed Dschawāds Tochter
Teilt alles auf, was sonst verdirbt
Und gibt uns unsern Teil
Ich habe ihn im Traum gesehen…

Glauben wir nur an den Beginn der kalten Jahreszeit

Das bin ich
Eine einsame Frau
An der Schwelle zur kalten Jahreszeit
Im Begriff, das besudelte Sein der Erde zu begreifen
Das bloße, heulende Elend des Himmels
Wie ohnmächtig sind diese Hände aus Beton

Die Zeit verging
Die Zeit verging und viermal schlug die Uhr
Sie schlug viermal
Heute ist der erste Tag des Wintermonats
Ich kenne das Geheimnis der Jahreszeiten
Und verstehe die Sprache der Augenblicke
Der Erlöser schläft in seinem Grab
Und die Erde, der Schoß der Erde
Bietet uns ein Bild des Friedens

Die Zeit verging und viermal schlug die Uhr

Durch die Gasse bläst der Wind
Durch die Gasse bläst der Wind
Ich denke an die Paarungszeit der Blumen

An Knospen auf den dünnen, dürren Reisern
Und diese müde, schwindsüchtige Zeit
Ein Mann geht unter nassen Bäumen lang
Die blauen Linien seiner Adern sind
An beiden Seiten seiner Kehle hochgekrochen
Und liegen dort wie tote Schlangen
In seinen wüsten Schläfen hallen
Blutige Silben wieder
„Ssalām“
„Ssalām“
Ich denke an die Paarungszeit der Blumen

An der Schwelle zur kalten Jahreszeit
Da die Spiegel Totenwache halten
In der Trauergemeinde von blassen Erfahrungen
Beim Sonnenuntergang, der mit dem Wissen
Von solcher Stille schwanger geht

Wie kann man jemandem befehlen, der
So beharrlich
Beschwerlich
Umherirrt
Stehenzubleiben
Wie kann man einem Menschen sagen, dass er tot ist,
Dass er nie gelebt hat

Durch die Gassen bläst der Wind
Vereinzelte Einsiedlerkrähen kreisen

In den alten Gärten der Erschöpfung
Und die Leiter
Ach, wie kurz sie ist

Die ganze Unschuld eines Herzens nahmen sie
Mit sich in das Märchenschloss
Und wie könnte sie jetzt
Wie sollte sie jetzt aufstehn, um zu tanzen
Sich die Mädchenzöpfe abschneiden
Um sie ins fließende Wasser zu werfen
Und den Apfel, den sie schließlich selbst gepflückt,
dessen Duft sie eingesogen hat
Mit ihrem eigenen Fuß zertreten?

Ach, mein Liebster, du, mein einziger Geliebter
Wie viel schwarze Wolken warten auf das Fest der Sonne
Als wär der Vogel eines Tages auf dem Pfad der Vorstellung
vom Fliegen Fleisch geworden
Als wär'n sie mit den grünen Strichen ihrer Fantasie gezeichnet
Frische Blätter, welche in der Lust von lauen Lüften atmen
Als ob jene
Violette Flamme, die im reinen Geist der Fenster brannte
Nichts andres wäre als ein keuscher Traum der Lampe

Durch die Gasse bläst der Wind
Dies ist der Anfang der Verwesung
Auch an dem Tag, als deine Hände untergingen, blies der Wind
Geliebte Sterne

Geliebte Flittersterne
Wenn selbst im Himmel lauter Lügen wehen
Wie kann man Zuflucht suchen bei der Weissagung
betrogener Propheten?
Wie die Toten tausender und abertausender von Jahren
werden wir uns wiedersehen
Und die Sonne wird
über die Zersetzung unsrer Körper richten

Mir ist so kalt
Mir ist so kalt, als würde mir nie wieder warm
Ach, mein Liebster, einziger Geliebter,
„Sag, wie alt war jener Wein?“
Sieh nur, wie die Zeit
Hier so schwer wiegt
Und die Fische meinen Leib zerfleischen
Warum hältst du mich stets am Meeresgrund zurück?

Mir ist so kalt, und ich bin diese Perlmuttohrringe leid
Mir ist so kalt, und ich weiß wohl
Dass mir von all den roten Träumen wilden Mohns
Nichts bleiben wird
Als ein paar Tropfen Blut
Ich will das Maß der Zeilen lassen
Ich will das Silbenzählen lassen
Und aus den starren und begrenzten Formen
Suche ich Zuflucht in den offnen Weiten des Gefühls
Denn ich bin nackt, bin nackt, bin nackt

So wie das Schweigen zwischen Liebesworten bin ich nackt
Und alle Wunden hab ich, weil ich liebe
Weil ich liebe, liebe, liebe
Ich habe dies treibende Eiland
Durch den Aufruhr des Weltmeers
Und den Ausbruch des Vulkans geführt
Durch das In-tausend-Stücke-Fliegen, und das Geheimnis des
Vereintseins ist
Dass das Sonnenlicht in winzigen Partikeln auf die Erde kommt

Friede sei mit dir, du keusche Nacht!

Friede sei dir, du Nacht, die du des wilden Wolfes Augen
In Knochenhöhlen umwandelst von Glauben und von Hoffnung
An deinen Ufern wittern die Seelen der Weiden
Die gütige Seele der Axt
Ich komme aus der grauen Welt der Worte,
Der Gedanken und der Stimmen
Diese Welt ist wie ein Schlangennest
Diese Welt hallt wider von den Schritten jener Leute, die
Während sie dich küssen und umarmen
Dir im Geist den Strick für deinen Galgen drehn

Friede sei mit dir, du keusche Nacht!

Zwischen den Fenstern und dem Blick hinaus
Liegt stets etwas dazwischen
Warum hab ich nicht hinausgesehn?

Wie damals, als der Mann unter den nassen Bäumen ging…
Warum hab ich nicht hinausgesehn?
Als hätte meine Mutter in der Nacht geweint
In der Nacht, in der ich Schmerz empfand und als der Samen keimte
In der Nacht ward ich die Akazienblütenbraut
In der Nacht, da Isfahan von blauen Kacheln widerhallte
Da der, der meine andre Hälfte war
          in mich zu meiner Saat zurückgekehrt war
Im Spiegel sah ich ihn
Rein und leuchtend wie der Spiegel selbst
Plötzlich rief er mich
Und ich wurde die Akazienblütenbraut…
Als hätte meine Mutter da in jener Nacht geweint
Was für ein unsinniges Leuchten
          lehnt sich dort in dem geschlossnen Fenster auf
Warum habe ich nicht hinausgesehn –
Alle Augenblicke unsres Glückes wussten
Dass deine Hände untergehen würden
Und ich sah nicht hinaus
Bis zu dem Augenblick, da sich das Fensterchen der Uhr
Öffnete und jener traurige Kanarienvogel viermal schlug
Er schlug viermal
Ich stieß auf jene kleine Frau
Deren Augen leeren Phönixnestern glichen
Und als sie fortging und die Hüften schwang
Da nahm sie gleichsam die Jungfräulichkeit
Meiner Blütenträume mit ins Bett der Nacht

Werd ich mir jemals wieder
Das Haar im Winde kämmen?
Werde ich jemals wieder Veilchen in den Garten pflanzen?
Und Geranien in den Himmel
Hinters Fenster setzen?
Werde ich jemals wieder auf den Gläsern tanzen?
Wird mich die Türklingel nochmals auf eine Stimme hoffen lassen?
Zu meiner Mutter sagte ich: „Jetzt ist es aus
Es passiert immer, eh‘ man sich's versieht
Wir müssen Traueranzeigen aufgeben in der Zeitung"

Ein leerer Mensch
Ein leerer Mensch voll Zuversicht
Sieh doch
Wie seine Zähne singen, wenn er kaut
Und wie sich
Seine Augen weiten, wenn er schaut
Und wie er unter nassen Bäumen geht:
Beharrlich
Beschwerlich
Umherirrt.
Um vier Uhr
In den Augenblicken, da die blauen Linien seiner Adern
An beiden Seiten seiner Kehle hochgekrochen
Dort wie tote Schlangen liegen
Und in seinen wüsten Schläfen
Blutige Silben widerhallen
– Ssalām

jetzt ist es … aus

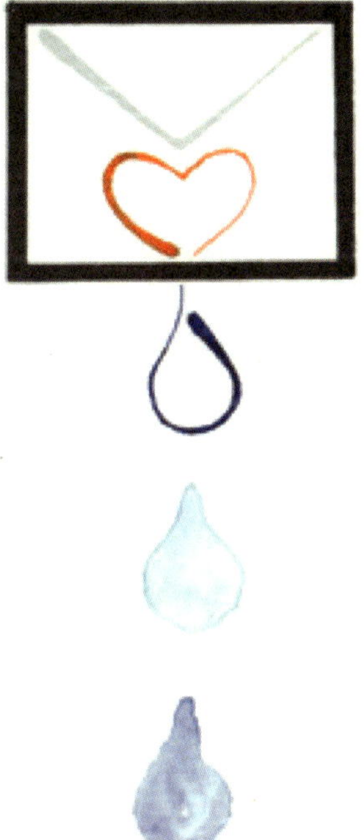

– Ssalām
Hast du jene vier blauen Leuchter
Je gerochen…?

Die Zeit verging
Die Zeit verging und Nacht
fiel auf die nackten Zweige der Akazienbäume
Nacht schiebt sich vor hinter den Fensterscheiben
Und mit ihrer kalten Zunge
Nimmt sie die Reste des vergangnen Tages in sich auf

Woher komme ich?
Woher komme ich?
Dass ich so vom Geruch der Nacht durchtränkt bin?
Noch ist die Erde ihres Grabes frisch
Das Grab von jenen beiden grünen, jungen Händen meine ich…

Wie gut du warst, mein Liebster, einziger Geliebter
Wie gut du warst, als du mir Lügen sagtest
Wie gut du warst, als du des Spiegels Lider schlossest
Und die Kronleuchter
Von ihren Kabelstielen pflücktest
In dem bedrückenden Dunkel führtest du mich
auf die Weide der Liebe
Bis sich der taumelnde Rauch, der als letztes von des Durstes
Feuer bleibt, im Wiesengrund des Schlafes legte
Und die Flittersterne kreisten
In der Unendlichkeit

Warum redeten sie diese Worte?
Warum luden sie den Blick zum Sehen ein?
Warum trugen sie Liebkosungen
Auf das scheue Haar der Keuschheit?
Sieh, wie hier die Seele
Einer, die mit Worten redete
Die mit Blicken streichelte
Der jemand mit Zärtlichkeiten Ängste nahm
Mit dem Speer der Fantasie
An den Marterpfahl genagelt ist
Und die Spur von den fünf Stöcken deiner Finger
Die wie fünf Worte der Wahrheit waren
Welche Wunde ist sie jetzt auf ihrer Wange

Was ist Stille, was, mein einziger Geliebter, was?
Was ist Stille außer ungesagten Worten
Ach, ich verstumme jetzt, aber der Spatzen Sprache
Ist die Sprache des Lebens mit fließenden Sätzen, ein Fest der Natur
Die Sprache der Spatzen, das ist: Frühling, Blätter, Frühling
Die Sprache der Spatzen, das ist: laue Lüfte, Düfte, Lüfte
Die Sprache der Spatzen stirbt in einer Fabrik

Wer ist's, die auf der Landstraße der Ewigkeit
Zum Augenblick der Einheit wandert
Und ihre immerwährende Uhr
Streng logisch und exakt auf Zwist und Zwietracht stellt
Wer ist sie denn, für die der Hahnenschrei
Nicht des Tages erster Herzschlag ist

Sondern den Geruch des Frühstücks ankündigt
Wer ist sie, die die Liebeskrone auf dem Haupte trägt
Und die in ihrer Hochzeitskleidung hier verwelkt

So schien die Sonne schließlich nicht
In einem und demselben Augenblick
Auf beide hoffnungslose Herzen
Der Widerhall der blauen Kacheln ist in dir verstummt

Und ich bin noch so voll von alledem
Dass sie auf meiner Stimme ihr Gebet verrichten…

Glückliche Leichen
Lauwarme Leichen
Stille, nachdenkliche Leichen
Wohlgelittene, wohlgewandete und wohllebende Leichen
An den Haltestellen festgesetzter Zeiten
Auf dem zweifelhaften Grund von vorläufigen Lichtern
Und die Lust am Kauf der faulen Früchte der Vergeblichkeit
Ach
Was für Menschen schaun sich an der Kreuzung dort den Unfall an
Und dieser schrille Klang von einem Haltepfiff
In diesem Augenblick muss, muss, muss… dort
Ein Mann unter das Rad der Zeit geraten sein
Ein Mann unter das Rad der Zeit geraten sein
Ein Mann, der unter nassen Bäumen geht…

Woher komme ich?

Zu meiner Mutter sagte ich: „Jetzt ist es aus
Es passiert immer, eh man sich's versieht
Wir müssen Traueranzeigen aufgeben in der Zeitung"

Gegrüßt seist du, Entfremdung des Alleinseins
Ich werde dir das Zimmer überlassen
Darum, dass schwarze Wolken stets
Verkünder neuer Botschaften von Reinheit sind
Und im Feuertode einer Kerze
Ist ein leuchtendes Geheimnis, das
Jene letzte, längste Flamme sehr gut kennt

Glauben wir nur
Glauben wir nur an den Beginn der kalten Jahreszeit
Glauben wir nur an die Verwüstung
            in den Gärten unsrer Fantasie
An die Sensen, die untätig auf dem Kopf stehn
Und an die gefangnen Saatkörner
Sieh nur, wie es schneit…

Vielleicht war die Wahrheit, diese beiden jungen Hände,
            diese jungen Hände, die
Vom unaufhörlichen Schneefall begraben werden
Und nächstes Jahr, wenn der Frühling
Hinter den Fensterscheiben mit dem Himmel schläft
Brechen grüne Springbrunnen wie zarte Stengel

Aus ihrem Körper aus, und sie werden blühen
Ach, mein Liebster, einziger Geliebter

Glauben wir nur an den Beginn der kalten Jahreszeit…

Nach dir

Du Siebenjahr
Du wunderlicher Augenblick des Aufbruchs
Was nach dir kam, verging in einem Meer von Wahn und
Dummheit

Nach dir zerbrach das Fenster
Dies quicklebendige, leuchtende Bindeglied
Zwischen uns und den Vögeln
Zwischen uns und der Frühlingsluft
Es brach
Zerbrach
Zerbrach

Nach dir versank
Die Figur aus Lehm
Sie sagte nichts in ihrem Durst nach Glück, nur gluck, gluck, gluck
Und sie ertrank.

Nach dir erschlugen wir das Lied der Grillen
Und schenkten unser Herz dem Klappern der Lettern
Und dem Klange der Fabriksirenen.

Nach dir, als wir noch unterm Tisch zu spielen pflegten
Krochen wir unter den Tischen hervor
Krochen hinter die Tische
Kamen hinter den Tischen hervor
Stiegen auf die Tische
Spielten auf den Tischen
Und verspielten, wir verspielten deine Farbe, Siebenjahr
………………………………………………………..

Nach dir erkannten wir
Wir, die wir einer des anderen Mörder waren
Erkannten wir auf Liebe
Und erkannten, da
Unser Herz erregt in unsrer Tasche schlug
Auf einen Anteil an Liebe.

Nach dir begaben wir uns zu den Friedhöfen
Es atmete der Tod unter dem Schleier unserer Großmutter
Es war der Tod jener mächtige Baum
An dessen überladene Zweige
Die Lebenden diesseits des Anfangs
Ihre Votivbänder mit Wünschen banden
Und an dessen faulig-leuchtende Wurzeln
Sich die Toten jenseits des Endes klammerten
Es saß der Tod auf jenem heiligen Grab
Auf dessen Ecken plötzlich vier
Blaue Leuchter strahlten.

verwurzelt

Es heult der Wind
Es heult der Wind, du Siebenjahr
Ich stand auf und trank ein wenig Wasser
Und plötzlich fiel mir ein, wie deine jungen Saaten
Den Überfall der Heuschrecken so sehr fürchteten
Wie viel hat man zu zahlen
Wie viel hat man
Für das Wachsen eines solchen Würfels aus Beton zu zahlen?

Alles, was wir
Zu verlieren hatten, haben wir verloren
Ohne Lampe machten wir uns auf den Weg
Und der Mond, der Mond, der liebe mütterliche Mond
In den Erinnerungen aus der Kinderzeit
Leuchtete von einem Dach aus Lehm und Stroh
Und über die jungen Saaten, die
Den Überfall der Heuschrecken so fürchteten
Wie viel hat man zu zahlen? …

Mein Herz trauert um den kleinen Garten

Niemand denkt an die Blumen
Niemand denkt an die Fische
Niemand will glauben
Dass der kleine Garten stirbt
Dass das Herz des kleinen Gartens in der Sonne aufgedunsen ist
Dass im Geist des kleinen Gartens nach und nach
Die Erinnerungen an das Grün verblassen
Und die Sinne dieses Gärtchens gleichsam
Etwas Losgelöstes sind, das in der Abgeschiedenheit des Gärtchens welkt

Der Hof unsres Hauses ist verlassen
Der Hof unsres Hauses
Wartet auf den Regen einer unbekannten Wolke
Er gähnt
Und das Wasserbecken hinter unserm Haus ist leer

Unerfahrene, kleine Sterne
Fallen hoch von den Bäumen herab auf die Erde
Und aus den bleichen Fenstern vom Haus der Fische
Hört man nachts ein Husten
Der Hof unsres Hauses ist verlassen

Der Vater sagt:
„Meine Zeit ist um
Ich habe meine Last getragen
Ich habe meine Arbeit getan“
In seinem Zimmer sitzt er Tag für Tag von früh bis spät
Und liest im *Königsbuch*
Oder im *Ende der Geschichte*
Der Vater sagt der Mutter:
„Zum Teufel mit allen Fischen und Vögeln
Wenn ich denn sterben muss
Was kümmert's mich
Ob da ein Garten ist
Ob da kein Garten ist
Für mich zählt nur noch die Pension“

Für meine Mutter ist das ganze Leben
Ein Teppich, ausgebreitet zum Gebet
An der Schwelle zu der Hölle Schrecken
Und meine Mutter sucht im Bodensatz
Von allem nach der Spur der Sünde
Sie denkt, dass unser kleiner Garten
Durch irgendeinen lästerlichen Baum verdorben ist
Die Mutter betet nur den lieben langen Tag
Von Natur aus ist sie eine Sünderin
Alle Blumen bespricht sie
Alle Fische bespricht sie
Und sich selber bespricht sie
Sie harrt des jüngsten Tages
Und der Gnade, die von oben kommt

Mein Bruder nennt den kleinen Garten Friedhof
Er lacht darüber, wie das Unkraut wuchert
Und die Leichen der Fische
Die sich unter der kranken Haut
Des Wassers zersetzen
Zählt er Stück für Stück
Mein Bruder hat sich der Philosophie ergeben
Mein Bruder postuliert den Niedergang des kleinen Gartens
Als Bedingung für den Neuanfang des kleinen Gartens
Er betrinkt sich
Und schlägt mit der Faust an Wände und Türen
Dann versucht er zu erklären
Wie depressiv er ist, wie müde und verzweifelt
Und seine Hoffnungslosigkeit
Pflegt er wie Ausweis, Feuerzeug, Terminkalender
Taschentuch und Kugelschreiber mitzuführen
Auf die Straße und in den Basar
Und seine Hoffnungslosigkeit
Ist so klein, dass er sie jede Nacht
Im Gedränge einer Bar verliert

Und meine Schwester, einst Freundin der Blumen
Die ihres Herzens schlichte Worte
Wenn die Mutter sie geschlagen hatte
An ihre stummen, lieblichen Gefährten richtete
Und ab und zu der Fischfamilie
Sonnenschein und Süßigkeiten anbot

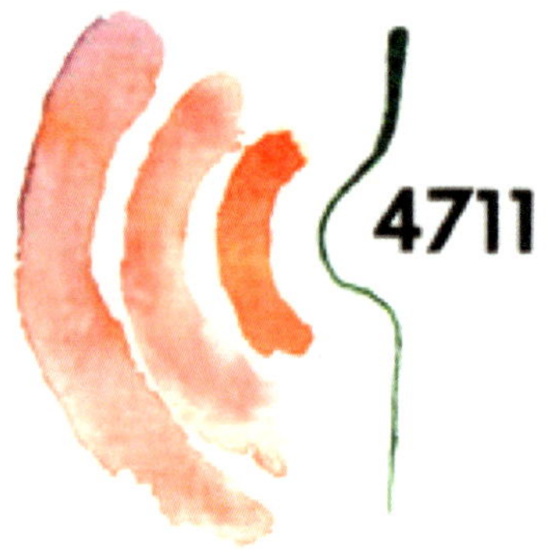
4711

Ihr Haus liegt auf der anderen Seite dieser Stadt
In ihrem künstlichen Haus
Mit den künstlichen Goldfischlein
In der Obhut der Liebe ihres künstlichen Gatten
Unter den Zweigen künstlicher Apfelbäume
Singt sie künstliche Lieder
Macht sie natürliche Kinder
Immer wenn sie uns besucht
Und ihr Rocksaum von der Armut unsres Gärtchens
    schmutzig wird
Nimmt sie
Ein Bad in Kölnisch Wasser
Immer wenn sie uns besucht
Ist sie
Schwanger

Der Hof unsres Hauses ist verlassen
Der Hof unsres Hauses ist verlassen
Den ganzen Tag
Hört man hinter der Tür Geräusche
Von Zertrümmern und von Explosionen
Unsre Nachbarn pflanzen alle in die Erde ihrer Gärten
Maschinengewehre und Granatwerfer statt Blumen
Unsre Nachbarn decken alle
Ihre schön gefliesten Wasserbecken zu
Und die Kachelwasserbecken
Werden gegen ihren Willen
Geheime Pulverspeicher

Und die Kinder aus unsrer Straße
Haben ihre Schultaschen
Mit kleinen Bomben vollgestopft
Der Hof unsres Hauses ist verwirrt

Ich fürchte mich
Vor einer Zeit, die herzlos ist
Ich fürchte mich vor der Einsicht
In die Vergeblichkeit all dieser Hände
Ich fürchte mich vor dem Anblick
All dieser fremden Gesichter
Wie eine Schülerin
Die ihre Mathestunde
Wahnsinnig liebt, so einsam bin ich, so allein
Ich glaube, man müsste das Gärtchen ins Krankenhaus bringen
Ich glaube…
Ich glaube
Ich glaube…
Dass das Herz des kleinen Gartens in der Sonne aufgedunsen ist
Dass im Geist des kleinen Gartens nach und nach
Die Erinnerungen an das Grün verblassen

Ein Fenster

Ein Fenster zum Schauen
Ein Fenster zum Hören
Ein Fenster wie ein Brunnenkranz
Dessen Schacht hinabreicht in das Herz der Welt
Und sich öffnet für die Weite dieser blauen, immer wieder neuen
Zärtlichkeit.
Ein Fenster, das die kleinen Hände des Alleinseins füllt
Bis zum Überfließen
Mit dem nächtlichen Geschenk des Duftes großzügiger Sterne
Von dort aus kann man auch
Die Sonne ins Exil der Pelargonien laden
Ein Fenster ist genug für mich.

Ich komme aus dem Land der Puppen
Aus den Schatten der Papierbäume
Im Garten eines Bilderbuchs
Aus den Dürrezeiten fruchtloser Erfahrungen mit Freundschaft
und mit Liebe
In den staubigen Straßen der Unschuld
Aus den Jahren, als die bleichen Buchstaben des Alphabets
Hinter den Pulten der schwindsüchtigen Schule wuchsen
Von dem Augenblick, in dem die Kinder

aussicht – einsicht

„Stein“ auf die Tafel schreiben konnten
Und die erschreckten „Turteltauben“ aus dem alten Baum
aufflogen.

Ich komme von den Wurzeln fleischfressender Pflanzen
Und mein Kopf hallt immer noch
Wider von dem grauenvollen Schrei des Schmetterlings
Der mit Stecknadeln in unserm Klassenheft
Gekreuzigt wurde.

Als mein Vertrauen nur an einem Faden hing
Am dünnen Faden der Gerechtigkeit
Und in der ganzen Stadt
Das Herz meiner Laternen in die Brüche ging
Als die Kinderaugen meiner Liebe
Mit dem dunklen Tuch der Vorschriften verbunden wurden
Und mir in den erregten Schläfen des Verlangens
Das Blut hinaufschoss wie in Springbrunnen
Und als mein Leben noch
Nichts weiter war als das Ticktack der Wanduhr
Begriff ich, ich muss lieben
Muss, muss, muss wahnsinnig lieben

Ein Fenster ist genug für mich
Ein Fenster für den Augenblick der Einsicht,
des Schauens und des Schweigens
Jetzt ist der Walnussschössling
So hochgewachsen, dass er seinen jungen Blättern

Erklären kann, was eine Wand bedeutet
Frag den Spiegel
Nach dem Namen deines Retters
Ist denn die Erde, die
Unter deinen Füßen bebt
Nicht verlassener als du?

Die Propheten brachten unsrer Zeit
Eine Botschaft der Zerstörung
Sind diese ständigen Explosionen
Und die giftigen Wolken
Der Widerhall der Heiligen Schrift?
Mein Freund, mein Bruder, Blut von meinem Blut
Wenn du den Mond erreicht hast
Meißle dort das Datum ein, an dem die Blumen
hingeschlachtet wurden.

Immer fallen die Träume
Herab aus der Höhe ihrer Einfalt und sterben
Ich rieche den vierblättrigen Klee
Der auf dem Grab alter Begriffe wuchs
War jene Frau, die dort im Sarg des Abwartens und ihrer
Keuschheit zu Staub zerfiel, wohl meine Jugend?
Werd ich noch einmal auf den Stufen meiner Neugierde nach
oben steigen
Um den guten Gott zu grüßen, der auf dem Dache
meines Hauses auf und ab geht?

fische besprechen

Ich fühle, dass die Zeit vorüber ist
Ich fühle, dass „der Augenblick" mein Anteil an den Blättern
    der Geschichte ist
Ich fühle, dass der Tisch nur eine trügerische Schranke ist
    die zwischen meinem Haar und jenes
    niedergeschlagnen Fremden Händen liegt
Sprich doch mit mir
Sprich doch mit mir
Was will wohl eine Frau, welche dir eines
    lebenden Körpers Zärtlichkeit anbietet
Andres dafür von dir als das Gefühl zu leben?
Sprich doch mit mir
Ans Fenster bin ich geflüchtet
Der Sonne bin ich verbunden.

Mit was für einer Hand

Forughs letztes Gedicht

Träumen, Träumen, Träumen
Er liegt dösend
Auf dem warmen Sand
Wird von der heißen Sonne verbrannt

Unter halb geöffneten Lidern
Schaut er matten Herzens hervor:
Die Wellen meines nassen Haars
Fließen auf seine Brust
Der erdige Duft seines Körpers
Strömt in meinem Leib.

Matten Herzens schaue ich ihn an
Der Himmel wölbt sich über seinem Angesicht
Seine Hände ruhen auf dem heißen Sand
Mit Bruchstücken von Muschelschalen
Hat er ziellos einen weißen Strich gelegt

Ich liebe ihn...
Wie ein Samenkorn das Licht
Wie ein Ährenfeld den Wind

Wie ein Boot die Wellen
Wie ein Vogel die Höhe
Ich liebe ihn...
Unter halb geöffneten Lidern
Schaue ich matten Herzens hervor:
Ach, würdest du so ruhig und so rein
In meinen Armen
Zu Erde.
So ruhig und so rein...
In meinen Armen
Unter dem Sonnendach meines Haars
Mit einem Blick, der dich aufsaugt
Ins Beet meines jungen Körpers
Das ein Regenguss beglückt
Oder das der Tau verzückt
Ach, würdest du zu Erde...
Ach, würdest du zu Erde...

Ach, dass ein anderer Leib
Beim Ansturm ferner Tage
Duft und Farbe deines Leibs annimmt
Sich mit deinem Leib abstimmt
Ach, dass ein anderes Weib
Am Hange deines Brustkorbs liegt
Und zu deinem Haus einbiegt
Sich im Rhythmus deines Herzschlags wiegt

Unter halb geöffneten Lidern

Schaue ich matten Herzens hervor
Wie Wellen von meiner Küste
Entfernst du dich
Entfernst du dich immer...
An der bleiernen Linie des Horizonts
Wirst du zum schmalen Schimmer

Womit kann man
Die Liebe fesseln durch ein ew'ges Band?
Mit was für Küssen, was für Lippen, was für einer Macht?
In welchem Augenblick, in welcher Nacht?
Wie ich, die zum Nichts werde...
Wie die Tage...
Wie die Jahreszeiten...
Wie die Vogelnester...
Wie der Schnee auf den Dächern der Häuser...
Wird auch er am Ende
Inmitten von Schatten zu Staub
Wie ein altes Foto
Wird er blass und blind und taub

Mit was für Flügeln könnte man
dem Vergehn der Tage und der Plage wohl entfliehn!
Mit was für Tränen könnte man
Einen Vorhang vor dem starren Blick der Zeit zuziehn?
Mit was für Händen könnte man
Die Liebe fesseln durch ein ew'ges Band?
Mit was für einer Hand?...

gruft

Träumen, Träumen, Träumen
Er liegt dösend
Auf dem warmen Sand
Wird von der heißen Sonne verbrannt.

III

Gefangen

Dich, dich begehre ich; ich weiß, dass ich dich nie
Nach Herzenslust in meinen Armen halten werde
Du bist für mich das helle, klare Himmelszelt
Ich aber ein gefangner Vogel auf der Erde

Ich schaue traurig, staunend auf dein Angesicht
Die hinter kalten Gitterstäben ich gefangen bin
Ich träume, einmal käme eine große Hand
Und ich wär plötzlich frei und flöge zu dir hin

Ich träume vom Moment der Unaufmerksamkeit
In dem ich meine beiden Flügel weit ausbreite
Dann lach ich über den Gefängniswärter und
Aus diesem dunklen Käfig flieg ich dir zur Seite

In diesem schönen Traum weiß ich, dass ich das Glück
Dem Käfig zu entfliehn, niemals erleben werde
Selbst wenn der Wärter mich fortließe, wäre ich
Zu schwach für einen Flug hoch über diese Erde

Hinter den Gitterstäben lächelt jeden Morgen
Ein Kind und wirft mir seine frohen Blicke zu
Und wenn ich dann mein helles Morgenlied anstimme
Spitzt seine Lippen es zu einem Kuss im Nu

Und wenn es mir, o Himmel, eines Tags gelänge
Auf und davon zu fliegen, weg von diesem dunklen Ort
Was könnte ich dem Kind in seiner Trauer sagen:
„Denk nicht mehr an den kleinen Vogel; er ist fort“?

Ich bin die Kerze, die sich leuchtend selbst verzehrt
Und durch ihr warmes Licht die Finsternis erhellt
Und wenn ich mich entschlösse, lieber nicht zu brennen
Erfüllte tiefes Dunkel seine kleine Welt

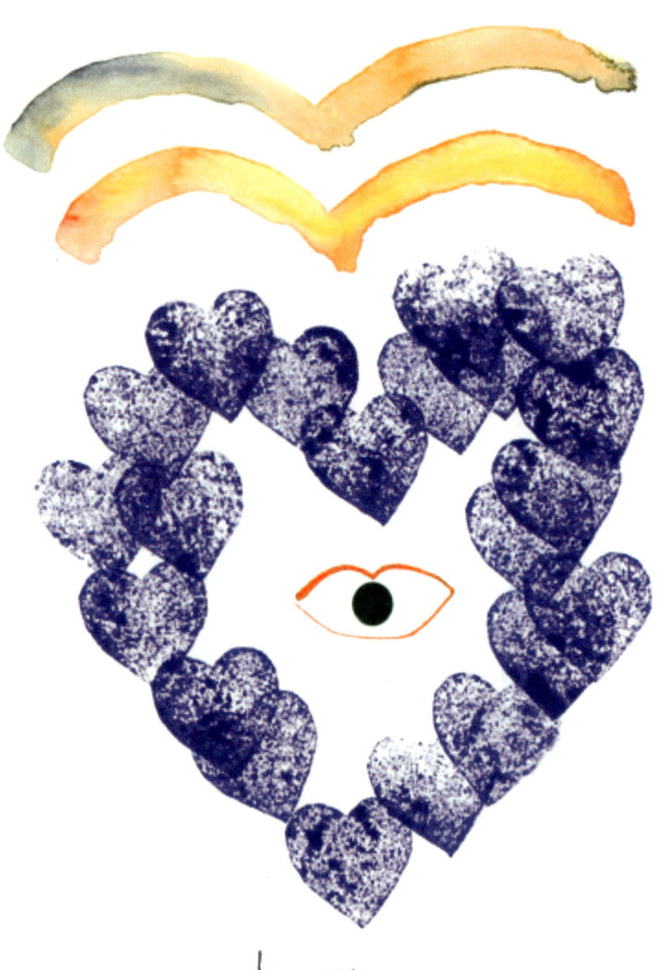
herzrasen

Die Sünde

Gesündigt habe ich, gesündigt voller Lust
In seinen feurigen, in seinen heißen Armen
Gesündigt habe ich mit wilder Leidenschaft
In seinen starken, festen Eisenarmen

Ich sah in seine unergründlich dunklen Augen
An jenem stillen Ort, fernab und ganz allein
Während das Herz mir raste voller Ungestüm
Ging ich auf seine sehnsüchtigen Augen ein

An jenem stillen Ort, fernab und ganz allein
Saß ich an seiner Seite, ganz verstört
Erregung floß von seinem Mund auf meine Lippen
Dann hat mein Herz zu rasen aufgehört

Ein Liebesmärchen flüsterte ich ihm ins Ohr:
Dich will ich, dich allein, du bist mein Leben
Dich will ich, denn in deinen Armen leb ich auf
Dir will ich, du mein wilder Liebster, mich hingeben

Im Becher funkelte der rote Wein
In seinen Augen funkelte die Lust
Und auf dem weichen Lager zitterte mein Leib
Vor Trunkenheit auf seiner nackten Brust

Gesündigt habe ich, gesündigt voller Lust
Sein Körper zitterte, er sprach kein Wort
Du großer Gott, ich weiß nicht, was ich tat
Fernab und ganz allein an jenem stillen Ort.

Verloren

Nach so viel Wahnsinn bin ich, die so rasend liebte
Kaum kann ich's glauben, zur Vernunft zurückgekehrt
Gestorben ist „sie" nun, ich bin unendlich müde
Bin sozusagen ausgebrannt und wie entleert

Bedrückt befrag' ich immer wieder meinem Spiegel:
Was bin ich jetzt, wie stelle ich mich deinen Augen dar
Doch mit Entsetzen sehe ich in ihm, ich bin
Nicht einmal mehr ein Schatten derer, die ich war

Gleich jener Hindutänzerin bewege ich
Den Fuß voll Anmut, doch auf meinem eignen Grab
Von hundertfacher Sehnsucht strahlte die Ruine
Aber dies Licht war alles, was ich selber hab

Ich nehme nicht den Weg zur Stadt des Sonnenlichts
Ich bin in einer Gruft, von Felsplatten bedeckt
Ich habe einen Schatz, doch hab' ich ihn vor Angst
Dort, wo der schwarze Sumpf am tiefsten ist, versteckt

entleert

Ich gehe einen Weg, aber ich frage nicht
Wohin? Wo ist mein Heim? Was ist mein Ziel?
Ich küsse voller Leidenschaft, doch weiß ich kaum
Wer meinem irren Herzen denn so gut gefiel

Jetzt da „sie" tot ist, sieht mit einem Male alles
So anders aus, was sich vor meinem Aug' befand
Es ist, als hätte meine ruhelose Seele
Die dunkle Nacht gepackt mit ihrer kalten Hand

Ja, diese hier bin ich, doch weiß ich nicht, wozu
„Sie" die in mir gelebt hat, ach, „sie" ist nicht mehr
Nur mühsam unterdrück ich einen wilden Schrei:
„Sie", die in mir gelebt hat, sag, wer war „sie", wer?

Ein Lied für dich

Für meinen Sohn Kamjar in der Hoffnung auf kommende Tage

Das Lied hier singe ich für dich, mein lieber Sohn
In dieser trocknen, heißen Sommerabendluft
Halb ist die Zeit schon um, doch ich beginne neu
In schier endlosem Leid in dieser alten Gruft

Dies ist das letzte Schlummerlied, das deine Mutter
Dir hier am Fuße deiner kleinen Wiege singt
Ich hoffe, dass das Echo dieses Schmerzenschreis
Dereinst zu dir bis in den Himmel deiner Jugend dringt

Lass meinen heimatlos umherirrenden Schatten
Einsam und weit entfernt von deinem Schatten sein
Wenn eines fernen Tages wir uns wiedersehen
Wird niemand mehr dazwischenstehn als Gott allein

Ich hab die Stirn an eine dunkle Tür gelehnt
Hab sie mit meiner schwachen, klammen Hand berührt
Und habe zärtlich einen kleinen Hoffnungsschein
Bei der Berührung dieser offnen Tür gespürt

zorneslieder

Wenn man geklatscht, getratscht und mich gebrandmarkt hat
Dann hab ich über diesen dummen Spott gelacht
Ich will nur „diese Frau“ sein, wie ihr alle sagt
Und doch hat dieses Wort mir tiefen Schmerz gebracht

Und wenn dein unschuldiges Auge später je
Über die Seiten dieses wirren Buches gleitet
Dann wirst du sehen, jedes dieser Lieder wird
Von Zorn und ururalter Auflehnung begleitet

Hier, wo ich stehe, sind die Sterne längst erloschen
Hier, wo ich stehe, müssen selbst die Engel weinen
Hier, wo ich stehe, würden selbst die Wasserlilien
So dürr und welk wie Wüstendornen scheinen

Hier, wo ich stehe, sitzt der Geist der Heuchelei
Der Lügendämon, überall, wohin ich gehen mag
Und nirgendwo am dunklen Himmel dieser Nacht
Seh ich auch einen Schimmer nur vom neuen Tag

Ach, sollen meine Augen sich doch nur erneut
Voll bis zum Rand mit salzigen Tautropfen füllen
Ich habe mich entschlossen, mein Gesicht – so wie
Das keusche, reine Antlitz der Jungfrau Maria – zu enthüllen

Ich hab die sichre Küste meines guten Namens
Verlassen, und ein Sturm kommt auf in meiner Brust
Ach, meine Zornesflamme lodert nur im Innern
Von dieser dunklen Zelle; das ist mir bewusst

Ich hab die Stirn an eine dunkle Tür gelehnt
Hab sie mit meiner schwachen, klammen Hand berührt
Und habe zärtlich einen kleinen Hoffnungsschein
Bei der Berührung dieser offnen Tür gespürt

Der Kampf mit dieser Schar von offenbaren Heuchlern
Ist etwas Schweres, Schreckliches, wovor mir graust
In dieser deiner Stadt, mein liebes Kind, und meiner
Hat seit Jahrhunderten der Satan schon gehaust

Der Tag wird kommen, da dein klares Auge feucht wird
Dann, wenn du diese meine Trauerlieder liest
Dann suchst du mich in diesen Versen und wirst sagen
Sie war's, die meine Mutter einst gewesen ist.

Leben

Du pralles Leben, noch bin ich erfüllt
Noch sprudeln meine Lippen von dir über
Ich denke weder dran, das Tau zu kappen
Noch wünsche ich, du wärest schon vorüber

Ein jedes Teilchen meines irdnen Leibes
Wird von der Glut der Poesie verbrannt
Mein Körper gleicht dem weiten, klaren Himmel
Der Wein des Tages füllt ihn bis zum Rand

Ein Lied singt dir der Rosenstrauch mit allen
Schösslingen, die an seinen Zweigen sind
Und Grüße schickt, um dir zu huldigen
Der Garten dir im lauen Frühlingswind

Ich habe dich stets in dir selbst gesucht
Weder im Traume noch in Träumereien
Und habe oft aus deiner Hand geschöpft
Du fülltest mich mit deinem schönen Sein

Ich singe tausend schwarze Melodien
Und tausend weiße Weisen kenne ich
Ja! In mir lodern tausend Leidenschaften
Mit tausend Hoffnungsflammen brenne ich

morgenstern

Es tut mir leid um jene Tage, da
Ich voller Zorn als Feindin an dich dachte
Als ich dich sinnlos fand, voll Lug und Trug
Und dich verachtend meine Zeit verbrachte

Da ich vergaß: Du bist, was bleibt, und ich
Vergänglich wie das Wasser fliehe ich
Im Staub verloren werde ich vergehn
Des Todes dunkle Straße ziehe ich

Du pralles Leben, ich bin wie ein Spiegel
Von dir bin ich erfüllt, schaust du hinein
Doch wenn sich einst der Tod darin betrachtet
Wird sein Glas dunkel wie der Abend sein

Ich liebe, liebe sehr den Morgenstern
Liebe die Wolken, die der Wind bewegt
Liebe die grauen Regentage und
Liebe, was immer deinen Namen trägt

Vom Durst nach dir getrieben, trinke ich
Dein heißes Blut, Tropfen für Tropfen mit Genuss
Und so viel Wonne sauge ich aus dir
Dass ich den Zorn der Götter fürchten muss

Das Flittchen

Geh mir bloß aus dem Weg; denn ich bin herzlos, unbeständig
Ich bin das ganze Gegenteil von einer tugendhaften
Gefährtin, und in meinem Busen herrscht der schiere Wahn
In meinem Herzen toben tausend wilde Leidenschaften

Dein Herz ist rein, aber bin befleckt, innen wie außen
Nur für die Fremden bin ich gut in ihrer Einsamkeit
Betrunken bist du wie von Alkohol durch meine Küsse
Der Wein und der Pokal raubten auch mir die Nüchternheit

Mein Auge spricht dich an, als ob es tausend Zungen hätte
Und ich bin‘s, die den Zechern Wein einscheckt hier und
in der Runde
Wie lange willst du wohl noch über Liebeskummer jammern?
Na? Wenn du einen Kuss willst, hol ihn dir von meinem Munde

Ja, deine Liebe ahnt nicht, was sie tut, wenn sie mir leuchtet
So zart wie über einem Sumpf des Mondes milder Schein
Dein Mitgefühl trifft auf mein Herz wie sanfte Regentropfen
Ein sündiges Herz, das brach liegt, trocken ist und hart wie Stein.

Ich bin die Dunkelheit, ich bin das ewige Verderben
Du bist der helle, warme Sonnenschein, der Hoffnung sät
In meiner Seele, du beglückender Forugh, du Funken,
Doch kommt dein Licht für meine arme Seele jetzt zu spät

Du bist zu spät gekommen, meine Seele ist besudelt.
Zu spät bist du gekommen, zu groß ist meine Schande
Der Wind der Schmach und der Erniedrigung löschten
die Fackel
Die Asche wieder anzuzünden bist du nicht imstande.

Der zersprungene Spiegel

Ein grünes Kleid nahm ich mir gestern, als ich an dich dachte
Und daran, wie beglückend der Moment der Liebe war
Dann schaute ich mir prüfend mein Gesicht im Spiegel an
Und band mir vorsichtig die Schleifen auf in meinem Haar

Ich holte mir Parfum und sprühte es auf Kopf und Brust
Zog mir die Augenränder schwarz mit Lidstrich nach voll Lust
Dann löste ich mein Haar, ließ es mir auf die Schultern fallen
Und malte mir ein Schönheitsfleckchen – an der Lippen Winkel just

Er würde sicher staunen über meine Zauberei
Ein Jammer, dachte ich, dass er nicht bei mir ist
Wenn er mich nur so sehen könnte in dem grünen Kleid
Und lächelnd zu mir spräche: Ach wie schön du wieder bist

Er ist nicht hier und kann im Schwarz meiner Pupillen nicht
Das Spiegelbild des eignen staunenden Gesichtes sehn
Wozu sind heute Abend meine offnen Haare gut
Wenn seine Hände nicht darin den Weg nach Hause gehn?

Er ist nicht hier, um volle Leidenschaft mich zu umarmen
So kann der Duft, welchen mein Leib verströmt, ihn nicht entzücken
Du Spiegel, ich verzehre mich vor Sehnsucht, aber leider
Ist er nicht hier und kann mich nicht an seinen Busen drücken

Ich starrte in den Spiegel wie gebannt, und dieser lauschte
„Ach, hilf mir doch!“, so rief ich ihn in meinem Kummer an
Darauf brach er in Stücke und er klirrte beim Zerspringen:
„Dies hat dein Liebesleid, du junge Frau, mir angetan.“

Anmerkungen

S. 10 *Trauerbirken* – wörtlich: Töpfe mit welkem Jasmin = Trauerblumen

S. 24 *Einswerdung* – Unio mystica

Jene schlichten Einsiedler in härenem Gewand – wörtlich: Sufis, moslemische Mystiker; der Name kommt wohl von ihrem schlichten Wollgewand

S. 27 *Ssalām* – der persische Gruß bedeutet „Friede“

S. 35 *Leilā* – Frauenname, Julia vergleichbar, bedeutet gleichzeitig Nacht

S. 38 *Pusteblumensamen* – Nach einem iranischen Volksglauben bringen die Samen der Pusteblume (gute) Nachrichten von entfernten Freunden; deshalb nennt man sie auch „kleine Boten“

S. 56 *Lampe, Wasser und Spiegel* – Symbole, die bei der Hochzeitszeremonie Verwendung finden

S. 58 *Zaubervögel* – Ssimorghe

S. 59 *Offenbarungen* – Das persische Wort bezeichnet göttliche Offenbarungen wie durch das Alte und Neue Testament (Luther übersetzt „Bund“) oder den Koran

S. 73 *Eiwān* – typischer Teil der iranischen Moschee: auf einer Seite geschlossener, zum Zentralhof hin offener Bogen, in dem ähnlich wie in Kirchtürmen häufig Vögel nisten

S. 78 *Lebensfluss von Isfahan* – Isfahan, einst prächtige Hauptstadt Irans, liegt am Sendeh-Rud, wörtlich „Lebendiger Fluss“, heute ein eher klägliches Rinnsal

S. 81 *Erschießungsplatz/Hinrichtungsplatz/Kanonenplatz* – es gab in Teheran tatsächlich Plätze mit diesen Namen

S. 82 *Abraham Sabbā* – zeitgenössischer Gelegenheitsdichter

S. 102 *Forugh* (Funken) und *Ssāyé* (Schatten) sind die Dichternamen der beiden Beteiligten – vgl. die Erläuterung auf Seite 211

S. 125 *Ssalām* – vgl. die Anmerkung zu Seite 27

S. 130 *Ssalām* – vgl. die Anmerkung zu Seite 27

S. 132 *jene vier blauen Leuchter* – gehören zur Hochzeitszeremonie

S. 135 *Gegrüßt seist du* – wörtlich Ssalām

S. 138 *vier blaue Leuchter* – vgl. Anmerkung zu Seite 132

S. 142 *Königsbuch* – das Schāhnāmeh von Ferdoussi ist das iranische Nationalepos

S. 173 *Der Kampf…* - diese Stropfe ist nicht in allen Ausgaben enthalten

Zur Aussprache persischer Bezeichnungen

Wörter und Namen, die im Deutschen bereits eingeführt sind (wie Gasele und Hafis), werden in der traditionellen Schreibweise wiedergegeben; sonst wird eine Umschrift verwendet, die den deutschen Rechtschreibregeln entspricht.
Dabei ist aber folgendes zu beachten:

ā	langes offenes „a", etwa so, wie die Bayern das „a" in „Bahn" aussprechen;
a	wie in „Bann";
ch	spricht man immer so wie in „ach", nie so wie in „ich" oder „wachsen";
dsch	wie in „Dschungel";
ey	wie das englische „ay", z.B. in „okay";
gh	so wie die Berliner das „g" in „Magen" aussprechen, also etwa wie ein Zäpfchen-„r";
ĵ	wie das „j" in Jalousie;
r	als Zungen-„r", also wie die Bayern es sprechen;
s	stimmhaft wie in „Nase";
ss	stimmlos wie in „Nässe".

Das Zeichen ' steht für den Knacklaut, der im Deutschen z.B. zwischen der Vorsilbe „be-" und dem Stamm „-end" in „beenden" vorkommt. Persische Wörter werden im allgemeinen auf der letzten Silbe betont.

Vielleicht ist eine Erklärung der Begriffe „persisch", „iranisch", „Iran" und „Persien" nützlich:
Persien bezeichnet eigentlich nur die Provinz Fārss, das Herz des altpersischen Reichs der Achämeniden, während Iran der Name für einen weiteren Raum ist, der auch das heutige Afghanistan, einen Teil der ehemaligen Sowjetunion und andere Nachbarländer des modernen Irans einschließt. Persisch ist die Staatssprache Irans, aber außerdem werden dort noch andere iranische Sprachen, Turksprachen, Arabisch, Armenisch und Assyrisch gesprochen.
„Iran" ist der alte Name für das Land der Arier, der von Resā-Schāh zwischen den beiden Weltkriegen wiederaufgegriffen wurde. „Iran" sollte also genauso wenig mit dem Artikel benutzt werden wie „Belgien" oder „Italien". Keiner der Gründe, aus denen im Deutschen in Ausnahmefällen Ländernamen mit dem Artikel zu benutzen sind, trifft hier zu. So wird denn auch in der deutschen Wissenschaftssprache „Iran" weiterhin ausschließlich ohne Artikel benutzt. Aus Gründen der sprachlichen Korrektheit wird in dieser Anthologie genauso verfahren.

Nachwort zur 1. Auflage

Die ungeheure Wirkung, die die Gedichte Forugh Farrochsāds seit ihrem Erscheinen auf die iranische Leseschaft haben, zu ermessen, ist für das deutsche Publikum, bei dem Poesie schon fast als esoterische Kunstform gilt, nicht leicht. Will man es dennoch versuchen, so muss man sich klarmachen, welchen Stellenwert die lyrische Dichtung im iranischen Kulturkreis hat. Sie gilt als höchste Ausdrucksform des menschlichen Geistes überhaupt. Auf sie konzentriert sich in einer uns kaum vorstellbaren Weise der künstlerische Wille der dort lebenden Menschen. Das hängt einerseits mit religiös bedingten Einschränkungen der bildenden Künste und der Musik zusammen, andererseits mit einer Besonderheit der persischen Schriftsprache. Sie ist nicht nur seit über tausend Jahren das einigende Band für verschiedene Völker auf dem Gebiet der heutigen Islamischen Republik Iran, Afghanistans und der ehemaligen Sowjet-Union, sondern sie galt auch weit über die Grenzen dieses Raums hinaus jahrhundertelang als das eleganteste literarische Ausdrucksmittel. Dies mag ein Grund für den konservativen Charakter dieser Sprache sein. Tausend Jahre alte persische Dichtung zu verstehen, bereitet dem iranischen Leser weniger Schwierigkeiten als dem deutschen die Lektüre der Schriften Luthers.
Wenn man dies bedenkt, nimmt es nicht wunder, dass sich in

der Sprache der persischen Dichtung ein strenges Regelwerk herausgebildet und erhalten hat. Ihm ist die uns Europäern fremde historische Tiefe und die vollendete Eleganz der herkömmlichen Verskunst zu verdanken; es ist aber auch die Ursache dafür, dass zahlreiche Gedichte dieser Tradition gekünstelt wirken und eher durch raffinierte Technik als durch die Unmittelbarkeit des Gefühls beeindrucken. Ein festgelegter Kanon poetischer Wörter bestimmt die sprachliche Auswahl, überlieferte kettenartige Strukturelemente lassen abweichende Wortfolgen als ungelenk erscheinen. Ein strenges Vermaß und festgelegte Reimschemata – das beliebteste ist das der Ruba'ijat: aa ba, bzw. das nach demselben Prinzip aufgebaute, nur längere der Gaselen und Kassiden: aa ba ca da und so weiter – bestimmen die äußere Form des Gedichts. Der Inhalt ist meist metaphysischer Natur und bedient sich stereotyper Symbole, eine Art philosophischer Reflexion nach dem Vorbild von Hafis (etwa 1320 - etwa 1390) – oder dem im Westen vielleicht noch bekannteren und in Iran zwar auch, aber ungleich weniger geschätzten Omar Chajjām (1041-1138) – ist häufiger als der Ausdruck ganz persönlicher Gefühle oder Erlebnisse; und wenn einmal solche thematisiert werden, dann fast nur mit Hilfe von Metaphern, hinter denen sich das Individuum wie hinter einer Maske oder einem Schleier verbirgt. Selbst die zaghaften, seit den zwanziger Jahren des letzten Jahrhunderts unternommenen Erneuerungsversuche einiger Dichter standen dreißig Jahre danach noch in keinem Lehrplan, und radikalere Änderungen setzten erst seit 1953 ein.

Hält man sich dies vor Augen, versteht man, welches Aufsehen Forugh Farrochsāds erster Gedichtband „Gefangen“ bei seinem Erscheinen im Frühsommer 1955 erregen musste, selbst wenn uns westliche Leser die darin enthaltenen Gedichte nach Form und Inhalt nicht gerade provozierend anmuten. Sogar formal ist ihre Lyrik nach den damaligen Maßstäben ihrer Landsleute modernistisch; aber es ging um weit mehr: Zum ersten Mal schrieb hier eine Frau in offener, unverhüllter Sprache aus ihrer weiblichen Sicht von ihren ganz persönlichen Gefühlen; und sie tat das in einer Weise, mit der sie sich nicht nur gegen die literarischen, sondern auch die gesellschaftlichen Konventionen, gegen die Religion und die öffentliche Moral stellte. Schockierend deutlich erklärt sie darin ihre Liebe, ihr Begehren nach einem anderen als ihrem Ehemann, dem „Gefängniswärter“, bei welchem sie nur um ihres Sohnes willen bleibt. Wer war diese Frau? Geboren wurde sie am 5. Januar 1935 in Teheran als Tochter des obersten Mohammad Bāgher Farrochsād und seiner Frau Vasiri Tabār. Sie hatte zwei Schwestern und vier Brüder. Als Berufsoffizier gehörte ihr Vater zu der Schicht, die von dem selbsternannten Kaiser Resā Schāh zum Träger seiner von Mustafa Kemal Atatürk inspirierten Modernisierungspläne ausersehen worden war. Die Familie war nicht reich, aber sie hatte nicht nur ihr Auskommen, sondern sie genoss gewisse Privilegien. Sie lebte im Zentrum der Hauptstadt in einem schönen Haus mit einem flachen Dach, auf dem man in den heißen, trockenen Sommernächten zu schlafen pflegte. Durch den Garten floss ein Wasserlauf, an dem Akazien wuchsen. Von diesen Einzelheiten hören wir ein Echo in Forughs Lyrik. Die Farrochsāds gehörten zu der neuen städtischen oberen

Mittelklasse, die am meisten von dem Modernisierungsprogramm der Pahlawi-Dynastie profitierte. Selbst während der Kriegsjahre, in denen die Mehrheit der Iraner große Not litt, lernte die Familie Farrochsād keinen Mangel kennen.

Die Kinder besuchten die damals neu eingerichteten (von der Mehrheit der Bevölkerung als schockierend unmoralisch empfundenen) und inzwischen längst wieder abgeschafften Grundschulen, an denen Jungen und Mädchen gemeinsam unterrichtet wurden, die Söhne studierten später in Deutschland, während die Töchter früh heirateten; dennoch wurde nicht nur Forugh, sondern auch ihre Lieblingsschwester Purān Intellektuelle.

Die Kindheit und Jugend Forughs fielen in eine Zeit des Umbruchs. Mit Unterstützung britischer Agenten, die den Auftrag hatten, zur Sicherung der Landverbindung nach Indien, die Ausbreitung des Kommunismus nach Iran zu verhindern, war 1921 in einem Staatsstreich das alte Kaiserhaus der Ghādschāren gestürzt worden. Einer der Hauptakteure, der Kosakengeneral Resā Chān, war zunächst Kriegsminister, dann Premier und 1926 neuer Kaiser geworden. Sein Regierungsstil war der eines Militärdiktators, und sein Programm sah eine Modernisierung Irans nach westlichem Muster vor. Der Einfluss der schiitischen Geistlichkeit sollte zurückgedrängt werden; insbesondere die Erziehung war säkularisiert und das Tragen des Schleiers verboten worden. An eine Demokratisierung war aber nicht zu denken, vielmehr ging Resā Schāh mit äußerst brutalen Mitteln gegen jede oppositionelle Regung vor.

Ähnlich verhielt sich im Familienkreis der Vater. Er selbst hatte an der Teheraner Militärhochschule mehr als eine nur oberflächliche Bildung genossen und verfügte über eine große persönliche

Bibliothek, war aber eine sehr autoritäre Persönlichkeit. Einerseits versuchte er, die intellektuelle und künstlerische Neugier der Kinder zu erwecken und brachte ihnen, noch bevor sie zur Schule gingen, selbst lesen und schreiben bei; andererseits war sein Erziehungsideal von Strenge, Pflicht und Gehorsam geprägt. Sein Verhältnis zur Mutter was entsprechend, und diese gab den empfangenen Druck an ihre Töchter weiter. Da Forugh schon als Kind einen starken Willen hatte, kam es häufig zu heftigen Auseinandersetzungen. Auch in der Schule hatte sie Schwierigkeiten sich einzuordnen, und sie war, nach dem Zeugnis ihrer bereits genannten Schwester, eine Einzelgängerin.

Später kam sie auf eine höhere Schule für Mädchen. Bereits dort begann sie, regelmäßig Verse zu schreiben, die allerdings ganz den traditionellen Schemata entsprachen und die nie veröffentlicht wurden. Sie selbst sprach später ironisch davon, sie habe damals einen Gaselenkomplex gehabt. In derselben Zeit erwachte in ihr das jugendliche Interesse an Liebe und Sexualität; Erinnerungen daran finden wir im Titelgedicht dieses Bandes. Nach dem Abschluss der neunten Klasse wechselte Forugh Farrochsād in die Meisterschule Kamālol-Molk, wo sie Modedesign und Malerei lernte. Zu Ihren Lehrern gehörte Behjat Sadr (192? – 1984), Irans bekannteste Malerin. Beide Fächer lagen ihr, sie stimulierten ihr künstlerisches Ausdrucksvermögen, und sie fühlte sich dadurch auch poetisch inspiriert. Bis zu ihrem Lebensende sollte sie immer wieder zum Pinsel greifen. Aber auch dort zeigte sie ihr eigenständiges, heftiges Temperament. Als Kātusiān, ein anderer ihrer Lehrer, einen Entwurf von ihr veränderte, den sie als besonders gelungen

empfand, gab es eine Auseinandersetzung mit ihm, und sie kehrte seinem Malunterricht endgültig den Rücken.
Forugh Farrochsād war inzwischen sechzehn Jahre alt geworden, ihre ein Jahr ältere Schwester Purān hatte geheiratet, und sie selbst zeigte eine von ihrer Umgebung als anstößig empfundene Unbefangenheit im Umgang mit Jungen aus der Nachbarschaft. So dürften die Eltern ihr schließlich auch mit einer gewissen Erleichterung zugestimmt haben, als sie, nicht zuletzt, um der strengen Aufsicht der Familie zu entkommen, den Wunsch äußerte zu heiraten. Im Hause der Familie verkehrte Parwis Shāhpur, ein entfernter Vetter von ihr, Dank seinem Sinn für Humor, seiner witzigen Art zu erzählen, brachte er Leben in die familiären Zusammenkünfte. Zwar war er fünfzehn Jahre älter als Forugh, aber sie, die ihren eigenen Vater viel stärker als strenge Autorität denn als liebevoll und fürsorglich erfahren hatte, wurde davon offenbar gerade angezogen. Sie bewunderte ihn, verliebte sich in ihn, und ihre Gefühle wurden bald erwidert. Als ihre Eltern sich weigerten, schloss sie sich in ihr Zimmer ein, heulte und war so ungebärdig, dass sie schließlich nachgaben.
Ihr Mann war Finanzbeamter in Ahwās. Nebenbei pflegte er seine Begabung, indem er satirische Kurzgeschichten und Sketches für verschiedene Zeitschriften schrieb. Sein Talent war meilenweit von dem ihren entfernt, aber er war ein belesener, gebildeter Mann, ermutigte sie bei ihren künstlerischen Versuchen und vermochte ihr etwas zu geben, was sie zu Hause vergebens gesucht hatte. Nach neun Monaten wurde ihnen ein Sohn geboren, den sie Kāmjār nannten.

Für die junge Frau war die Ehe zunächst wohl wirklich eine Befreiung. Sie konnte es nunmehr wagen, moderne westliche Kleidung (ärmellose Blusen, ausgeschnittene Kleider) zu tragen, sich die Augenbrauen zurechtzuzupfen, sich zu schminken, Make-up zu benutzen und sich bei gesellschaftlichen Anlässen unbefangener zu bewegen als bisher. Selbst bei ihren Spaziergängen mit dem Kinderwagen fiel sie den Nachbarn durch ihre Kleidung auf. Aber bald wurde ihr die Provinzstadt zu eng. Sie begann, kürzere lyrische Gedichte in verschiedenen Zeitungen und Zeitschriften zu veröffentlichen. Ihr Mann unterstützte sie und erlaubte ihr – zum Entsetzen der Familie – sogar, allein nach Teheran zu reisen, um mit den Herausgebern der Publikationen zu verhandeln.
Die Schwierigkeiten traten auf, als sie sich von seiner etwas gönnerhaften Bevormundung freizumachen begann. Offenbar hatten weder er noch sie geahnt, dass ihre Mentor-Schülerin-Beziehung so schnell durch Foroughs künstlerische Entwicklung ihre Grundlage verlieren sollte. Zwar unterstützte ihr Mann einerseits eben diese Entwicklung und förderte dadurch ihre Entfaltung als Individuum, das mit den überkommenen Regeln brach, erwartete aber andererseits von ihr Unterordnung als Ehefrau und die Erfüllung ihrer von der Gesellschaft vorgeschriebenen Pflichten als Hausfrau und Mutter. Hinzu kam, dass Forugh Farrochsāds Verliebtheit in den so viel älteren Ehemann offenbar nicht lange anhielt – sie bezeichnete sie später als Jugendtorheit – und dass sie andere interessante Männer kennenlernte. Das 1954 entstandene Titelgedicht aus dem bereits erwähnten Band „Gefangen“ spricht eine deutliche

Sprache. Sie vergleicht zwar in dem im Frühjahr 1955 in Teheran geschriebenen Gedicht „Das verlassene Haus" aus demselben Buch die Dichtung mit einem Liebhaber, um dessentwillen sie ihr Haus und ihren Sohn verlassen habe:

Ich weiß schon, dort in jenem fernen Haus
Herrscht keine Lebensfreude mehr
Ich weiß schon, ein verlassnes Kind
Weint bitterlich und grämt sich sehr

Ich aber hab verwirrt und tief bedrückt
Den Weg der Sehnsucht eingeschlagen
Der Vers ist mein Gefährte, mein Geliebter
Um seinetwillen muss ich alles wagen.

Eine bloß metaphorische Deutung ihrer Leidenschaft würde indessen den Tatsachen wohl nicht gerecht. Im April 1955 kehrte sie – offenbar zu einem Versöhnungsversuch – noch einmal nach Ahwās zurück, aber bald war sie wieder in Teheran. Die junge Frau verließ ihren Mann, der gemeinsame Sohn wurde dem Vater zugesprochen. Er wurde von dessen Familie aufgezogen, man untersagte ihr, mit ihm zu verkehren; und er wurde so gegen die Mutter eingenommen, dass er später von sich aus jede Begegnung mit ihr vermied. Unter dieser Trennung und den Schuldgefühlen gegenüber ihrem Sohn sollte sie ihr ganzes Leben lang leiden. Aber sie hatte sich sehr bewusst gegen bürgerliche Wohlständigkeit und für die Kunst entschieden. Und diese Wahl bedeutete für sie nicht nur, dass sie sich eine geistige Freiheit nahm, die für die Gesellschaft ihres Landes unerhört war, sondern für sie war die Einheit von Werk und Leben, was sie immer wieder betonte, wesentlich. So war es unvermeidlich, dass sie sich von ihrem Mann scheiden ließ und ihren Sohn verlor.

Die Radikalität und Konsequenz in ihrem Denken und Handeln sind um so erstaunlicher, als es für sie in der iranischen Geschichte kein Vorbild gab, an dem sie sich hätte orientieren können. Zwar erwähnt die iranische Literaturkritikerin Farzaneh Milani eine Studie, die von über hundert persischen Dichterinnen spricht; diese Frauen haben indessen praktisch keine Wirkung gehabt. Zwei Beispiele mögen das verdeutlichen: In Forusānfars Anthologie persischer Dichtung kommt neben 55 männlichen Dichtern keine einzige Frau vor, und in Ssafās dreibändigem Sammelwerk sind unter 143 Dichtern von der Antike bis zur Gegenwart nur zwei Frauen vertreten. Realistischer dürfte daher die Ansicht ihres Landsmannes Resā Barāheni sein, der die tausendjährige persische Literaturgeschichte als eine Domäne der Männer beschreibt, und auch Milani räumt ein, dass die von ihr erwähnten Dichterinnen von der männlich bestimmten Literaturkritik Irans totgeschwiegen wurden. So darf man denn mit Forugh Farrochsāds amerikanischem Biographen Michael C. Hillmann annehmen, dass sie die meisten dieser ihrer Vorgängerinnen überhaupt nicht kannte, dass sie sozusagen bei Null anfangen musste. Aber selbst wenn ihr zumindest das Werk einiger, darunter sicherlich das der geschätztesten und vielleicht auch bedeutendsten Dichterin vor ihr, das von Parwin E'tessāmi (1907-1941) bekannt war – welch ein Unterschied zwischen dieser und ihr! Ihr ganzes Leben lang tritt Parwin nicht aus dem Schatten ihres Vaters heraus, sie schreibt Verse von großer Schönheit, bleibt jedoch formal ganz der Tradition verhaftet, und der Inhalt ihres Denkens ist zwar insofern emanzipatorisch, als sie nicht mehr heroische Stoffe behandelt, sondern sich an den kleinen Mann wendet, und als sie einen Platz in der Gesellschaft für die Frau fordert, aber in welcher Weise sie das tut, sei mit zwei Beispielen angedeutet:

…

O glücklich bist du, hinterließt du einen guten Namen!
Sinnlos vertan ist, bringt es keine gute Frucht, dein Leben.
Auch wenn dir keine Würde und kein hoher Rang zukamen,
Wenn du dich redlich mühtest, achtet man gewiss dein Streben.

Zum Verhältnis von Mann und Frau schreibt sie:

Kennst du die Aufgaben von Mann und Frau, mein Freund?
Die eine ist das Schiff, der andre Kapitän.
Nur wenn sie fest gebaut und er erfahren ist,
Können die beiden furchtlos jeden Sturm bestehn.
…

Was Wunder, dass männliche Kritiker Parwin E'tessāmi der jüngeren Dichterin immer wieder als Beispiel vorhielten, wie diese hätte schreiben sollen!
Nach ihrer Trennung von Schāhpur lebte sie zunächst kurze Zeit wieder im Haus ihres Vaters, wurde von diesem aber nach Be-

richten der Schwester Purān verstoßen und zog zu Tußi Hā'eri, einer Frau, die in Frankreich studiert hatte und zu den literarischen Zirkeln Teherans gehörte, ihr widmete sie später das Gedicht „Verloren“ (vgl. S. 167). Als böse Zungen begannen, Gerüchte üer die Beziehung der beiden Frauen zu verbreiten, erreichte Hā'eri, dass Oberst Farrochsād seine Tochter wieder bei sich aufnahm und ihr ein eigenes Zimmer im Hause einräumte. Sich mit der literarischen Provokation, die ihr erster Gedichtband bedeutet hatte, nicht begnügend, veröffentlichte sie nunmehr neue Gedichte in der Zeitschrift „Aufklärung“, unter anderem „Die Sünde“ (vgl. S. 165), das poetische Echo einer Liebesaffäre mit dem Herausgeber, von der die Dichterin später sagen sollte, sie sei die einzige in ihrem Leben, deren sie sich schäme und die sie bereue. Als Folge der seelischen Belastung durch die Scheidung, die Trennung von ihrem Sohn, den Skandal darum und um ihre Gedichte sowie den allgemeinen Klatsch über sie erlitt sie einen Nervenzusammenbruch und kam für einen Monat in eine Heilanstalt. Dies hartnäckige Bestehen auf ihrem eigenen Standpunkt, auch wenn es über ihre Kräfte ging, gehörte zu ihrer Auffassung von Ehrlichkeit und Hingabe an ihre dichterische Berufung. In einem Interview sagte sie sinngemäß, sie gehöre nicht zu den Menschen, die, wenn sie sähen, dass jemand sich beim Versuch, mit dem Kopf durch die Wand zu gehen, verletzte, daraus den Schluss zögen, dass man nicht gegen Mauern anrennen dürfe. Und sie setzt hinzu, sie weigere sich, solange sie sich den Kopf nicht zerschlagen habe, eine Steinwand zu akzeptieren.
Danach war sie viel mit dem bekannten Lyriker Nāder Nāderpur zusammen, und es entwickelte sich ihre erste enge Beziehung

zu einem prominenten Dichter. Offensichtlich war sie von seiner Bildung, seiner Sensibilität und seinem literarischen Ruhm fasziniert. Aber obwohl er ihr gegenüber wesentlich weniger autoritär auftrat als ihr Vater und ihr Ehemann, war sie ihm zu unabhängig, und im März 1956 trennten sie sich. Beide litten offenbar darunter; Nāderpur schrieb sein bekanntes „Das Auge des Schicksals", das so endet:

Ach du, ach du, die du stets in und mit mir bist
Ich bin verzweifelt, hoffe nicht mehr, dich nochmals zu sehen
Du, eine Blume, bist die Rose meines ewgen Frühlings
Und dennoch – dich zu pflücken, wünsch ich nimmermehr.

Noch in den achtziger Jahren, als Nāderpur schon im politischen Exil in Paris lebte, sprach er zwar mit einem gewissen Respekt von Forugh Farrochsād, aber gleichzeitig meinte er, ihre Lyrik habe zwar andere beeinflusst, sie selbst aber werde wohl vergessen werden – eine angesichts seines Gespürs für dichterische Qualität seltsam anmutende Äußerung. Sie beruht wohl darauf, dass er immer noch nicht mit Gleichmut an sie zurückdenken konnte. Sie ihrerseits war seiner Poesie gegenüber noch kritischer und nannte sie verletzt-verletzend: wenn auch brillant, was ihre Bildersprache betreffe, so doch leer nach Form und Inhalt.

Damals erschien die zweite Auflage von Forugh Farrochsāds erstem Gedichtband. Sie enthielt ein Nachwort, in dem sie für sich das Recht in Anspruch nahm, als Frau ihre Gefühle ebenso offen auszusprechen, wie Männer das in ihren Werken schon immer getan hätten, ohne dass dies als Angriff auf die öffentliche Moral oder als jugendgefährdend eingestuft worden wäre. Bald darauf – Mitte 1956 – legte sie einen zweiten Sammelband mit

25 Gedichten unter dem Titel „Die Mauer“ vor. Die bereits erwähnten „Verloren“ (vgl. S. 167) und „Die Sünde“ (vgl. S. 165) gehören dazu. Im Juli 1956 fuhr sie für neun Monate nach Europa, eine Reise, die ihr nach eigenem Bekunden viel Ruhe, Hoffnung und Kraft gab. In ihrem Gefühlsleben fand sie jedoch keine Stabilität, und nach ihrer Rückkehr machte sie eine Zeit innerer Unruhe, der Suche nach Verständnis, Liebe und Geborgenheit mit mehreren, zum Teil sehr kurzlebigen Beziehungen durch. Die gesellschaftliche Missbilligung ihres Lebensstils erreichte damals einen Höhepunkt. Das Ende Juli 1957 verfasste „Ein Lied für dich“ (vgl. S. 170) brachte eine radikale Wende in Forugh Farrochsāds Leben. Dazu gehörte die Begegnung mit dem dreizehn Jahre älteren Ebrāhim Golestān, einem umstrittenen Schriftsteller und Filmemacher. Die Beziehung zu ihm, die bis zu ihrem Lebensende dauern sollte, war für sie einerseits beglückend und stimulierend – die schönsten ihrer Liebesgedichte gelten ihm, ihm widmete sie ihre nächste im Frühjahr 1964 veröffentlichte Gedichtsammlung „Wiedergeburt“ – andererseits aber auch belastend. Das lag sicher nicht nur daran, dass beide starke Persönlichkeiten waren, die sich schwertaten, Kompromisse einzugehen, sondern auch daran, dass Golestān seit 1943 verheiratet war, zwei Kinder mit seiner Frau hatte und seine Familie nicht aufgeben wollte. Er stellte es zwar später so dar, als hätten alle drei, über der bürgerlichen Moral stehend, sich geschätzt, geachtet und ein harmonisches Verhältnis zueinander gehabt; aber Forugh Farrochsād hat auch immer wieder darunter gelitten, nur die andere zu sein. Ihre Trauer darüber, dass er sie abends zu ver-

lassen pflegte, um nach Hause zu seiner Familie zu gehen, klingt etwa in den letzten Zeilen von „Wiedergeburt“ (vgl. S. 88), dem Titelgedicht ihres vierten, bereits erwähnten Sammelwerkes, an. Ihre Schwester berichtet von einem Selbstmordversuch der Dichterin aus Verzweiflung über einen Streit mit Golestān und das befürchtete Ende ihrer Liebe, aber die beiden versöhnten sich. Erschwert wurde ihr Verhältnis zusätzlich durch die allgemeine Missbilligung, der sie sich gegenübersahen. „Allein die Stimme bleibt“ (vgl. S. 113) ist in gewisser Weise eine Antwort darauf.
1959 ging Forugh Farrochsād für eine Weile nach England, um dort Englisch zu lernen und Filmemachen zu studieren. Als sie zurückkam, begann sie bei der Produktion von Dokumentarfilmen in Golestāns Studio mitzuwirken. So arbeitete sie zunächst als Cutterin in dem von Golestāns Bruder Schāroch aufgenommenen Film „Ein Feuer“ mit und übernahm dann verschiedene Aufgaben bei der Produktion dreier weiterer kürzerer Dokumentarfilme, bevor sie in dem unvollendet gebliebenen Film „Das Meer“ nach einer Vorlage von Ssādegh Tschubak eine Rolle als Schauspielerin übernahm. Im Herbst 1962 drehte Forugh Farrochsād zusammen mit drei Kollegen in nur zwölf Tagen einen 1964 auf den Kurzfilmtagen in Oberhausen preisgekrönten Dokumentarfilm über die Leprakolonie von Tabris mit dem Titel „Das Haus ist schwarz“. Sie engagierte sich dabei nicht nur als Künstlerin, sondern auch persönlich sehr stark; und kurz darauf adoptierte sie Hossain Mansouri, den Sohn eines dort untergebrachten Ehepaares, der sich später einen Namen als literarischer Übersetzer (u.a.

von Paul Celan) machte und seit 1977 in Deutschland lebt. In diesem Film äußert die Dichterin sich zum ersten Mal in ziemlich deutlicher Form auch politisch, indem sie suggeriert, die iranische Gesellschaft sei gleichsam an Aussatz erkrankt, aber statt sich einer Behandlung auf wissenschaftlicher Basis zu unterziehen, begnüge sie sich mit Gebeten um Heilung. Nur widerstrebend, so berichtet Golestān, hätten sie beide nach der Premiere die Glückwünsche der Zwillingsschwester des Schahs und der Kaiserin entgegengenommen. Noch im selben Jahr drehte sie einen weiteren Dokumentarfilm. Im Herbst 1963 erschien die dritte Auflage von „Gefangen" und zur selben Zeit trat die Autorin erstmalig als Schauspielerin im Theater auf, und zwar in der Rolle der Stieftochter in Pirandellos Stück „Sechs Personen suchen einen Autor". Nach Aussagen der Regisseurin soll sie, obwohl eine Anfängerin, geradezu brillant gewesen sein. Kurz vorher, im Sommer 1963, hatten die Auseinandersetzungen zwischen dem Schah und der schiitischen Geistlichkeit um die vom Monarchen verordnete Weiße Revolution einen Höhepunkt erreicht, bei der der spätere Revolutionsführer Chomeini eine entscheidende Rolle spielte, die ihn ins langjährige politische Exil führte. Bei diesen Unruhen blieb Forugh Farrochsād ebenso unbeteiligt wie früher schon beim Sturz Mossadeghs mit Hilfe des CIA und der Rückkehr des ins Exil geflohenen Schahs. Freilich war sie damals erst achtzehn Jahre alt gewesen, jung verheiratet und eben Mutter geworden; aber auch jetzt verhielt sie sich scheinbar unpolitisch. Diese Sichtweise wird indessen ihrer Einstellung zu den Problemen ihrer Gesellschaft nicht gerecht. Sie wollte wohl nur, hellsichtiger als die meisten ihrer Landsleute – auch die Intellektuellen – ein Engagement für die falsche Seite vermeiden; und in dieser Auseinandersetzung in den frühen 60er Jahren vertrat keine der beiden Seiten das, was Forugh Farrochsād notwendig schien. Golestān äußerte einmal, ihre politische Haltung werde aus dem im Frühling 1962 entstandenen und im Sommer desselben Jahres veröffentlichten Gedicht „'Ali' sprach die Frau Mama" (vgl. S. 63) deutlich. Es ist im Teheraner Dialekt und nicht in der von ihr sonst verwendeten Hochsprache verfasst und greift ironisch den Ton für Kinder geschriebener pädagogischer Ermahnungen in Versform auf. Auch wenn dieses Werk alles andere als ein politisches Pamphlet ist, mag man der Interpretation Golestāns insofern zustimmen, als darin die ganze Perspektivlosigkeit des Lebens der iranischen Mittelklasse in der damaligen Zeit und eine Sehnsucht nach Freiheit und Veränderung symbolisch zum Ausdruck kommen.

Im Frühjahr 1964 wurde die vierte Sammlung Forugh Farrochsāds mit dem Titel „Wiedergeburt" veröffentlicht. Sie enthielt 35 Gedichte, die sie im Laufe der vergangenen sechs Jahre geschrieben hatte und von denen mehrere, wie das erwähnte „'Ali' sprach die Frau Mama" bereits in Zeitschriften abgedruckt worden waren. Damit beginnt nach ihrem eigenen Bekunden erst ihr eigentliches dichterisches Werk. Wenn auch in keiner Weise weniger freimütig oder unpersönlicher als ihre früheren Gedichte, sind die in dieser Sammlung enthaltenen Bekenntnisse der Autorin stärker als bisher mit Stellungnahmen zu ihrer Zeit und ihrer Gesellschaft verbunden. Auch macht sie sich hier ganz von den Fesseln der überlieferten Formen frei.

Reime sind selten, wenn sie sich finden, so fast wie zufällig über das Gedicht verstreut, die Länge der Zeilen variiert; die traditionellen Versmaße werden aufgegeben, und in der Wortwahl bedient sich die Dichterin der ganzen Bandbreite der verschiedenen Ausdrucksformen vom Dialekt der Hauptstadt, der den meisten Iranern als Mittel der Verständigung im alltäglichen Umgang dient, bis hin zu einer feierlichen, gehobenen Sprache, die Anklänge an den Koran hat wie in „Irdische Offenbarung" (vgl. S. 40). Auch satirische Töne verschmäht sie nicht, besonders bissig ist ihr „Iran, Iran über alles oder O du Land voller Juwelen" (vgl. S. 75). Noch direkter wird der westliche Leser vielleicht von solchen Gedichten wie „In den kalten Straßen der Nacht" (vgl. S. 38) und „Das Paar" (vgl. S. 54) angesprochen, in denen die Dichterin ihr Leiden an der Vereinsamung, der Zerstörung der menschlichen Beziehungen, wie sie für das Leben der Millionenstadt Teheran im gesellschaftlich-politischen System der Schah-Zeit typisch war, zum Ausdruck bringt. Von besonderem Reiz und zudem sehr iranisch ist die Vielschichtigkeit ihrer Gedichte, die eine Interpretation auf drei verschiedenen Bedeutungsebenen zulässt. „Die Rose" (vgl. S. 61) etwa steht gleichzeitig für die Naturschönheit, ist Symbol für die Liebe und bezeichnet den ersehnten gesellschaftlichen Umbruch. Durchgängiges Merkmal dieser Dichtung ist bei aller poetischen Qualität ein nüchterner Realismus und vor allem rückhaltlose Ehrlichkeit. In einem Interview äußerte Forugh Farrochsād einmal, sie könne nicht, wenn sie von einer Straße sprechen wolle, die nach Pisse stinke, eine Liste schöner Düfte zusammenstellen und den wohlriechendsten unter ihnen

zur Beschreibung dieser Gasse auswählen.
Inzwischen war Forugh Farrochsād aus ihrer kleinen Wohnung nach Darrus, in eines der wohlhabenden Viertel Teherans, nicht weit von Golestāns Filmstudios gezogen, in ein verhältnismäßig komfortables Haus, das dieser ihr zur Verfügung gestellt hatte. Der Umstand beleuchtet die Schwierigkeiten, die die Dichterin dabei hatte, sich in der patriarchalischen Gesellschaft ihres Landes durchzusetzen: So ernst sie ihre dichterische Tätigkeit nahm und so erfolgreich sie literarisch war – es war eine Berufung, kein Beruf, von dem sie hätte leben können. Ökonomisch blieb sie immer von einem Mann abhängig, zunächst von ihrem Vater, dann von ihrem Ehemann und nach der Trennung wieder von ihrem Vater. Ihren ersten Beruf fand sie als Mitarbeiterin der Golestānschen Filmstudios, und wieder verband sie eine persönliche Beziehung mit finanzieller Abhängigkeit. So war es ihr nie vergönnt, zu ihrer künstlerischen und menschlichen Eigenständigkeit auch wirtschaftliche Unabhängigkeit zu gewinnen.
Nach dem Band „Wiedergeburt" veröffentlichte sie noch einige Gedichte, die zu dem Schönsten zählen, was in der persischen Literatur erschienen ist. Dazu gehört „Einer, der wie niemand anders ist" (vgl. S. 117), ein längeres Gedicht, in dem Forugh Farrochsād so klar wie sonst wohl nirgends ihre Hoffnungen und Wünsche für die politische und gesellschaftliche Zukunft ihres Landes formuliert, aber auch hier scheut sie vor allzu eindeutigen Verlautbarungen zurück: Sie legt diese Vision einem kleinen Mädchen aus dem einfachen Volk in den Mund, ein Kunstgriff, der der Dichterin nicht nur einen sehr schlichten

Ton erlaubt, sondern gleichermaßen eine Distanzierung ausdrückt. Sie hatte Ideale, keine Rezepte; sie war Einzel-, nicht Parteigängerin. Ihr längstes Gedicht „Glauben wir nur an den Beginn der kalten Jahreszeit“ (vgl. S. 124) dagegen ist überwältigend in seiner offenen, ganz persönlichen Unmittelbarkeit. Hier zieht eine einsame Frau, die sich selbst als nicht mehr ganz jung empfindet, eine Bilanz ihres bisherigen Lebens. Man meint, sie habe ihr bevorstehendes Ende geahnt. Aber auf der anderen Seite begrüßt sie in einem Brief, den sie kurz vor ihren Tod schrieb, das herannahende Alter und erklärt, sie sei glücklich, endlich zu sich selbst gefunden zu haben; und sie war noch voller Pläne – sie arbeitete an einer Übersetzung von George Bernard Shaws „Heiliger Johanna“ und bereitete sich darauf vor, selbst die Titelrolle zu spielen – , aber sie konnte sie nicht mehr verwirklichen; am Montag, dem Februar 1967 starb sie an den Folgen eines Verkehrsunfalls. Bedenkt man, wie kurz Forugh Farrochsāds Leben war, so ist ihre dichterische Leistung, vor allem aber die Entwicklung, die sie genommen hat, um so erstaunlicher. Man kann das Werk mit der bereits erwähnten iranischen Literaturkritikerin Farzaneh Milani in drei Etappen einteilen: Bereits mit der ersten, der Sammlung „Gefangen“ eilt sie ihrer Zeit voraus, indem sie unverschleiert aus der Perspektive einer Frau schreibt. Darauf folgt in den Bänden „Die Mauer“ und „Auflehnung“ ein feministischer Aufschrei; aber sie überwindet die darin enthaltene Bitterkeit und schreibt in „Wiedergeburt“ und in ihren postum veröffentlichten Gedichten trotz großen Engagements und unmittelbarer Betroffenheit aus der Sicht eines Menschen weiblichen Geschlechts, der über das Gefühl, ein Opfer der Männergesellschaft zu sein, und den Zorn darüber hinausgewachsen ist. Mit ihrem Werk ist Forugh Farrochsād – den besten männlichen Lyrikern zumindest ebenbürtig – zur bedeutendsten Dichterin ihres Landes geworden.

Nachwort zur 5. Auflage

Auch fünfzig Jahre nach ihrem Tod ist Forugh Farrochsād im Bewusstsein der Iraner, die Lyrik lesen, noch außerordentlich lebendig; und zu dieser Gemeinde gehören nach wie vor sehr viele Menschen, Frauen wie Männer. Zwar sind Gedichte heute wohl nicht mehr die erfolgreichste Kunstform wie zu Lebzeiten der Dichterin; ähnlich wie in Europa findet auch in Iran Erzählprosa inzwischen eine größere Leserschaft. Das hängt mit dem kulturellen und sozialen Wandel zusammen, der schon in der Schahzeit begonnen hatte, aber durch die islamische Revolution beschleunigt worden ist. Diese hat, auch wenn uns die Rolle der Religion darin vormodern anmutet, dennoch einen Schub für die Modernisierung der iranischen Gesellschaft mit sich gebracht. Heutzutage gibt es in Iran kaum noch Analphabeten, der Bildungsstand der Frauen steht nicht mehr hinter dem der Männer zurück, und das öffentliche Bewusstsein wird von der stark angewachsenen städtischen Mittelschicht bestimmt. Damit hat sich das gesellschaftliche Umfeld verändert, die Lyrik hat ihre Vorrangstellung nicht nur im Vergleich zu Romanen und Erzählungen, also dem, was man im angloamerikanischen Raum „fiction“ nennt, sondern auch zu anderen Künsten, verloren. Die Bildende Kunst nimmt heute einen breiten Raum ein, es gibt nicht nur zahlreiche Galerien in Teheran, sondern viel Malerei (nicht nur abstrakte, sondern auch Porträts) und Skulpturen im öffentlichen, ja sogar im sakralen Raum (dort sind es allerdings fast nur Darstellungen des Obersten Führers und seines Vorgängers, es bedeutet dennoch eine Neuerung, die vor fünfzig Jahren unvorstellbar gewesen wäre). Auch Musik, Theater und Film haben trotz der Beschränkungen durch die Zensur einen festen Platz im öffentlichen Leben. Dadurch ist die Poesie in den Hintergrund getreten. Aber Forugh, wie die verstorbene Lyrikerin von ihrem Publikum meist nahezu vertraulich genannt wird, bildet eine Ausnahme. Sie steht ihren Lesern so nahe wie kaum ein Dichter sonst. Das hängt mit verschiedenen Faktoren zusammen: Da ist einmal die Sprache. Die Dichterin bedient sich zwar überwiegend des Ketābi, der über tausend Jahre alten Schriftsprache, – die wenigen im Teheraner Dialekt, der heutigen Umgangssprache, geschriebenen Verse bilden eine Ausnahme – aber sie handhabt diese in einer Weise, die keine Distanz aufbaut, sondern sie dem Alltag der Menschen nahebringt. Noch wichtiger aber dürfte der Inhalt sein. Forugh schreibt in einem Stil und behandelt Themen, die dem Lebensgefühl der heutigen Leserschaft entsprechen; und sie tut das sehr unverblümt, mit großer Ehrlichkeit, soweit sie von sich selbst spricht, und bewundernswertem Einfühlungsvermögen, wenn sie sich in andere hineinversetzt und ihnen ihre Stimme leiht. Damit wirkte sie einst bahnbrechend. Sie war ihrer Zeit weit voraus, und deswegen sind ihre Verse auch heute noch von erstaunlicher Aktualität. Hinzu kommt, dass die zahlreichen Tabubrüche, die sie wagte, einem gegenwärtigen Bedürfnis entsprechen, einem tief empfundenem Überdruss gegenüber moralischer Bevormundung, Heuchelei und mangelnder Gleichberechtigung zwischen Mann und Frau. Damit erreicht sie keineswegs nur eine weibliche Leserschaft. Bis vor kurzem, als die Geschlechtertrennung auch für die Besucher ihres Grabes eingeführt wurde, saßen oft junge Pärchen gemeinsam an ihrer letzten Ruhestätte und lasen sich gegenseitig aus den Büchern der Dichterin vor. Auf dem Grabstein liegen, obwohl man nur an einem Tag in der Woche dorthin gehen darf, immer frische Blumen. Sie bedeutet den Menschen von heute so viel, dass der Abriss ihres Teheraner Hauses und seine Ersetzung durch ein modernes mehrstöckiges Apartmenthaus eine Nachricht war, die weltweit unter Iranern Verbreitung fand.

Dass ihre Verse auch heute noch rebellisch wirken, steigert einerseits ihre Beliebtheit, führt andererseits dazu, dass ihre Verleger die in den Augen der Herrschenden provozierendsten Gedichte in einem Akt der Selbstzensur wegzulassen pflegen. Andererseits ist sie so beliebt, dass Anthologien ihrer Lyrik trotz ihres Widerspruchs zur offiziellen Moral und ihrer Unbekümmertheit in sexuellen Fragen immer wieder neu aufgelegt werden und zumindest eine Auswahl ihrer Poesie in fast jeder Buchhandlung erhältlich ist.

Deswegen ist der 14. Februar 2017, Forugh Farrochsâds 50. Todestag, ein willkommener Anlass, das Werk dieser größten aller iranischen Dichterinnen und einer der wichtigsten Stimmen der modernen persischen Lyrik dem deutschen Leser durch diese Neuauflage näher zu bringen.

In Deutschland ist die islamische Kultur inzwischen wesentlich bekannter als zu der Zeit, in der die erste Auflage dieses Buches erschien, und über „Nourus", das zu Beginn des Frühlings gefeierte iranische Neujahrsfest, wird heutzutage selbst in Grundschulen gesprochen. Deshalb konnte die Übertragung näher an den Originaltext herangeführt werden. In Anbetracht dessen, dass übersetzte Lyrik beim Leser der deutschen Version vergleichbare Assoziationen auslösen sollte wie der Originaltext beim iranischen, wurden die Texte, um mit Schleiermacher zu sprechen, seinerzeit gewissermaßen „eingebürgert". Deswegen wurden häufig deutsche Äquivalente für iranische Begriffe statt wörtlicher Übersetzungen verwendet. So hieß es im deutschen Text, wenn vom wöchentlichen Feiertag die Rede war, „Sonntag" statt „Freitag" oder „Kirche", wo im Persischen „Moschee" stand, und „Ostern" war an die Stelle von „Nourus" getreten. Das scheint heute nicht mehr notwendig. Dem Leser darf man eine stärkere „Verfremdung" zumuten, weil das Fremde uns näher gekommen ist.

Außerdem wissen wir mittlerweile dank einer Veröffentlichung des Briefwechsels von Forugh Farrochsād mit ihrem Mann, dass die beiden auch nach ihrer Trennung noch ein freundschaftliches Verhältnis zueinander hatten, sodass wir sagen können, in dem Gedicht „Gefangen" (vgl. S.161), in dem sie den Ehemann als „Wärter" bezeichnet, spricht ein lyrisches Ich und nicht unbedingt der Mensch Forugh Farrochsād. Davon dürfen wir auch bei anderen Gedichten ausgehen, in denen sie Rollen einnimmt, die nicht ihrer realen Lebenswelt entsprechen, sondern in denen sie sich feinfühlig in andere Menschen hineinversetzt. Das hat in der persischen Lyrik eine lange Tradition. Schon Sa'adi schreibt von Erlebnissen in der ersten Person, die er nach der Forschung kaum selbst gehabt haben dürfte. Aber Forugh füllt diese literarische Form mit einem ganz eigenen Inhalt.

Die Anthologie wurde um etwa ein Viertel erweitert: Neun im Inhaltsverzeichnis mit * gekennzeichnete Gedichte wurden neu aufgenommen. Dazu gehört vor allem „Mit was für einer Hand" (vgl. S. 153); es ist das letzte Gedicht aus ihrer Feder und ein ergreifendes Zeugnis ihrer Liebe, aber auch dessen, wie sehr sie darunter litt, dass ihr Geliebter sich nicht von seiner Frau trennen wollte. Sechs weitere stammen aus dem Band „Eine Wiedergeburt" und gehören somit ihrer zweiten, reifen Schaffensphase an, in der sie sich ganz von den traditionellen Formen gelöst hatte. Eine Ausnahme ist nur das Gedicht „Gasel" (vgl. S. 102); mit ihm bewies sie, dass sie auch die überlieferte Gedichtform vollendet beherrschte, bemerkte aber selbstironisch dazu, auch sie habe eben der Versuchung, Gaselen zu schreiben, nicht widerstehen können. Sie hat dieses Gedicht gewissermaßen als Abrechnung nach Beendigung einer Affäre mit dem Dichter Huschang Ebtehādsch geschrieben, der für sich den Dichternamen „Ssāyé" (Schatten) gewählt hatte. Sie hat darin, wie die klassische Gaselenform es verlangt, ihren Namen in die vorletzte Zeile eingeflochten. Aber sie gewinnt diesem Herkommen einen besonderen Reiz ab, indem sie ihren eigenen Namen, Forugh = „Funke", dem ihres ehemaligen Liebhabers, Ssāyé = „Schatten", als Kontrast entgegenstellt.

Aber auch ihr frühes Werk ist von großem ästhetischem Reiz

und trägt einen wichtigen Teil zum Gesamtbild der Dichterin bei; deswegen wurden noch zwei Gedichte aus ihrem ersten Buch in diese Anthologie aufgenommen. In ihnen spricht die Dichterin nicht für sich selbst, sondern sie äußert als lyrisches Ich gesellschaftlich missbilligte Gefühle und Empfindungen anderer Frauen. So schildert sie in „Das Flittchen" (vgl. S. 177) mit Subtilität und Empathie die Gefühle eines leichten Mädchens. Sie bringt deren provokanten Ton, aber auch ihre seelische Not zum Ausdruck. Interessant ist, dass sie gerade dieses Gedicht ausnahmsweise „signiert" hat, indem sie in der vorletzten Strophe – darin wie in dem erwähnten Gasel der Tradition folgend – ihren Vor- bzw. Dichternamen „Forugh" eingeflochten hat. In „Der zersprungene Spiegel" (vgl. S. 179) entwirft sie das Bild einer jungen Frau, die sich vor dem Spiegel an eine Liebesszene erinnert, sich ausmalt, wie sie ihren Geliebten verführt, und sich vor Sehnsucht nach ihm verzehrt, so sehr, dass der Spiegel, von Mitgefühl erschüttert, zerspringt; dabei lässt sie uns im Unklaren darüber, ob sie sich selbst oder eine imaginäre junge Frau schildert. Aber wie dem auch sei, sie präsentiert uns hier das Bild einer jungen Frau, das in diametralem Gegensatz zur offiziellen Moral steht. Damit erfüllt sie meisterhaft eine der vornehmsten Aufgaben der Literatur, nämlich uns den Zugang zur Seele anderer Menschen zu eröffnen und etwas erleben zu lassen, was in unserem eigenen Schicksal keinen Platz hat.

Berlin, den 6. Februar 2017
Kurt Scharf

Literatur

Foroogh Farrokhzaad, A Rebirth, Poems by F. Farrokhzaad, übersetzt von David Martin, Lexington Kentucky 1985

Forugh Farrokhzad, Bride of Acacias, Selected Poems of F. Farrokhzad, übersetzt von Jascha Kessler und Amin Banini, Delmar, New York 1982

Michael C. Hillman, A Lonely Woman: Forugh Farrokhzad and her Poetry, Washington D. C. 1987

Noch immer denke ich an jenen Raben, Lyrik aus Iran, übersetzt und ausgewählt von Kurt Scharf, Stuttgart 1981 (Der im Radius-Verlag erschienene Band enthält von Farrochsād die Gedichte: Vergebet ihr, Das Geschenk, Sonntag, Das Paar, Die Frage, Mein Herz ist bedrückt, Der Vogel war nur ein Vogel, Wiedergeburt, Die Rose, Inmitten der Dunkelheit)

Mehdi Achawān Ssāless u.a., „Gesteh's! die Dichter des Orients sind größer…“, Persischsprachige Literatur, Berlin 1991

Klaus Timm/ Schahnas Aalami, Die muslimische Frau zwischen Tradition und Fortschritt, Frauenfrage und Familienentwicklung in Ägypten und Iran; Schahnas Aalami, Iranische Dichterinnen im Streben nach Emanzipation und Fortschritt, Die Dichterin Parwīn Eetasāmi; Berlin 1976

Inhalt

I Aus „Wiedergeburt“

II Aus „Glauben wir nur an den Beginn der kalten Jahreszeit"

III Frühe Gedichte

Im Sujet Verlag erschienen

Halt aus in der Nacht bis zum Wein

Eine Auswahl der schönsten persischen Gedichte des 20. Jahrhunderts

Hrsg. Kurt Scharf

Lyrik

2. Aufl. 2021; Hardcover; 313 Seiten; 24,80 €

ISBN: 978-3-96202-044-6

1. Aufl. 2023; Softcover; 313 Seiten; 20,00 €

ISBN: 978-3-96202-128-3

Kurt Scharf stellt in dieser Anthologie persische Gedichte aus den Jahren 1941 bis 1979 zusammen, eine Epoche die er selbst als Goldenes Zeitalter der persischen Lyrik bezeichnet. Hier kann sich der Leser einer neuen Welt annähern: einer Welt der Fremdheit und Faszination, einer Dynamik zwischen Trauer und Widerstand, zwischen Melancholie und Leidenschaft, er kann dem Rhythmus der Gedichte folgen, dem Fluss der Bilder – bis hin zu dem Zufluchtsort Wort. Er findet ihn in einer mitreißenden Bilderflut, im Doppelbödigen, in Gedichten über die Liebe und verbotene Liebesworte, über verschwiegene Häuser voller Angst, über Schnee und den Trost des Regens, über die engen Gassen der Gewalt und den Traum des Vogels im Käfig.

Die glänzende, einfühlsame Übersetzung von Kurt Scharf vermittelt deutschen Lesern einen überzeugenden Eindruck vom Klang des Originals und lässt sie unmittelbar teilhaben an Sprachkunst und Bildern, Träumen und Hoffnungen einer gar nicht so fernen poetischen Welt.

Begleitet werden die Gedichte durch ein Begleitwort des Verlegers Madjid Mohit, ein Vorwort Inge Bucks und ein Nachwort Kurt Scharfs.

Ein Dieb im Dunkeln starrt auf ein Gemälde

persischsprachige Lyrik des 21. Jahrhunderts

Hrsg. Kurt Scharf, Ali Abdollahi

Lyrik

1. Aufl. 2021; Hardcover; 410 Seiten; 26,80 €

ISBN: 978-3-96202-076-7

2. Aufl. 2023; Softcover; 410 Seiten; 20,00 €

ISBN: 978-3-96202-129-0

Ein *Dieb im Dunkeln starrt auf ein Gemälde* vereint eine Auswahl an Gedichten der wichtigsten zeitgenössischen persischsprachigen Dichter aus aller Welt im 21. Jahrhundert. Er ist als Folgeband zum in unserem Verlag erschienenen *Halt aus in der Nacht bis zum Wein* zu verstehen, das eine Auswahl an persischer Lyrik des 20. Jahrhunderts enthält. *Ein Dieb im Dunkeln starrt auf ein Gemälde* enthält nicht nur Gedichte iranischer Lyriker*innen, sondern macht es sich zur Aufgabe, die grenzübergreifende Funktion einer literarischen *lingua franca*, die dem Persischen seit jeher zukommt, in den ausgewählten Gedichten wiederzugeben. In diesem Sinne sind darin nicht nur iranische Autor*innen vertreten, sondern sind auch die Gedichte tadschikischer und afghanischer Lyriker*innen sowie jene von Luftwurzelliterat*innen, die auf Persisch schreiben, umfasst.

Kurt Scharf wurde 1940 geboren und war Stellvertretender Leiter des Goethe-Instituts in Teheran sowie der Leiter des Goethe-Instituts in Porto Alegre, Istanbul und Lissabon. Zudem ist er ein Gründungsmitglied des Hauses der Kulturen der Welt und arbeitete dort als Leiter des Bereichs Literatur, Gesellschaft, Wissenschaft. Neben seiner Tätigkeit als Herausgeber und Übersetzer von Literatur aus dem Persischen, Portugiesischen und Spanischen ist er freier Mitarbeiter von literaturwissenschaftlichen Publikationen.

Ali Abdollahi, geboren 1968 in Birdschand in Nordostiran. Studium der Germanistik in Teheran; Dichter, Literaturkritiker und Übersetzer von Lyrik und Erzählprosa, aber auch von Philosophie aus dem Deutschen; lebt in Iran und Deutschland. Er hat mehrere Lyrikbände veröffentlicht, zuletzt 2017.

Unter einem Jasminstrauch

von Vahe Armen

Aus dem Persischen von Hossein Mansouri

Lyrik, Persisch-Deutsch
2. Auflage 2024; Klappenbroschur
106 Seiten; 16,00 €
ISBN: 978-3-944201-08-5

Die Gedichte des iranischen Lyrikers Vahe Armen sind ungemein stark. In seinen Bildern verschmelzen das sinnlich Erfasste und das Gedankliche miteinander und regen den Leser zum Nachdenken an. Seine Sprache ist schlicht, aber tief. In einem Interview sagt er dazu: „Aus Erfahrung habe ich gelernt, dass die schwierigste Methode, Gedichte zu schreiben, diejenige ist, mit deren Hilfe das Gedicht äußerlich eine schlichte Struktur aufweist, aber inhaltlich komplizierte Gedankenzusammenhänge beherbergt.

Ich wache auf
nach Mitternacht
in der Gasse unter einem Jasminstrauch
war die ganze Welt in Tiefschlaf versunken
in einem Zimmer
führten Gott und Teufel ein Gespräch
die Stimme des einen
glich dem Herunterrieseln des Regens auf die Erde
die Stimme des anderen
dem Hinabsuasen einer Handvoll Erde
in einen Brunnen

Vahe Armen, geboren 1960 in Maschhad/Iran, hat iranisch-armenische Wurzeln. Er schreibt seine Gedichte und literarischen Abhandlungen sowohl auf Armenisch als auch auf Persisch und arbeitet als Übersetzer zwischen diesen Sprachen. Er studierte in London Englisch und Soziologie. Zurück im Iran begann er nach einem Unfall, zu schreiben. Bisher hat Vahe Armen vier Lyrikbände und mehrere Übersetzungen veröffentlicht. Er lebt in Teheran.

Andere Jahreszeit

von Freydoun Farokhzad

Aus dem Persischen übersetzt von Hossein Mansouri
Collagen von Monica Schefold

Lyrik, Persisch-Deutsch
6. Aufl. 2023; Klappenbroschur
167 Seiten; 17,80 €
ISBN: 978-3-96202-103-0

Freydoun Farokhzad wurde 1936 in Teheran geboren und 1992 in Bonn ermordet. Er studierte in München politische Wissenschaften und veröffentliche Gedichte in deutschen Zeitungen und Zeitschriften. Große Popularität und Beliebtheit erlangte er als Showmaster, Sänger, Schauspieler und Dichter sowohl im Iran als auch in Deutschland. Er beherrschte die deutsche Sprache, aber Persien beherrschte ihn. Das macht den Reiz seiner Lyrik aus. Er hat die Träume seines Landes, die Schätze seiner Tradition in die „fremde" Sprache übersetzt. Bild um Bild jener „toten Jahreszeiten" steht vor uns auf. Sie sind doppelt tot. Unendliche Räume liegen zwischen ihnen und ihm; Persien, das Land der Poesie ist in tausendundeiner Nacht vergangen. Aber Farokhzad war nicht nur ein elegischer Dichter, der träumerisch und trauernd Konturen heimatlicher Minarette nachzeichnete. Andere Gedichte gibt es, die ihn als engagierten Dichter zeigen. Poetisch behandelt Farokhzad „poesiefeindliche" Themen, und dieser Blick für das Politisch-Soziale verleiht seiner Sprache eine unerwartete Aktualität, sowohl in der Schah-Zeit als auch nach der iranischen Revolution.

Kindermarkt

Lärm der Luftballons.

Die sehnsüchtigen Augen
lassen sich in ihm
fangen.

Trommler und Flötenspieler
zeigen ihre leuchtenden
Augenblicke.

Langsam steigen die Wünsche
aus dem Boden
und setzen ihre Segel
über den Herzen.

Zeit der Papierdrachen
die auf ihrer Reise zum Zenit
immer kleiner werden.

Die Welt ist ein Bilderbuch
ohne Wolken und Verbotstafeln.

Unsichtbare Brüche

von Widad Nabi

aus dem Arabischen von Suleman Taufiq

Lyrik
1. Aufl. 2021; Klappenbroschur
68 Seiten; 14,80 € ISBN: 978-3-96202-094-1

Arabisch-Deutsch
1. Aufl. 2021; Klappenbroschur
112 Seiten; 16,80 € ISBN: 978-3-96202-111-5

Widad Nabis Gedichte handeln von der unergründlichen Liebe, dem Zurückblicken auf die Vergangenheit, der Suche nach dem Zuhause. Offen feministisch gibt die Lyrikerin einen Einblick in ihre Identität als Frau und Mutter. Gewohnt persönlich und nahbar verarbeitet sie in ihren Gedichten auch ihre Erfahrungen mit Krankheit und Leid. Die Kontaktaufnahme mit anderen Kulturen und Sprachen, die Widad Nabis Werke auszeichnet, wird ausgedrückt durch den Versuch eines literarischen Dialoges mit den bedeutendsten Dichtern und Autoren der Literaturgeschichte wie Paul Celan und Ingeborg Bachmann. Literatur und Sprache als Mittel der Grenzüberschreitung ist eines der Kernmerkmale ihrer Arbeit.

„Widad Nabis Themen sind die Liebe, die Suche nach Freiheit. Mit einer selbstbewussten, weiblichen Stimme erkundet sie ihre neue Lebenssituation, die Spannung zwischen Heimatlosigkeit und Zuhause, Trauer und Hoffnung.

Carsten Hueck, deutschlandfunkkultur.de

Geboren in ein verworrenes Lied
von Seyed Ali Salehi

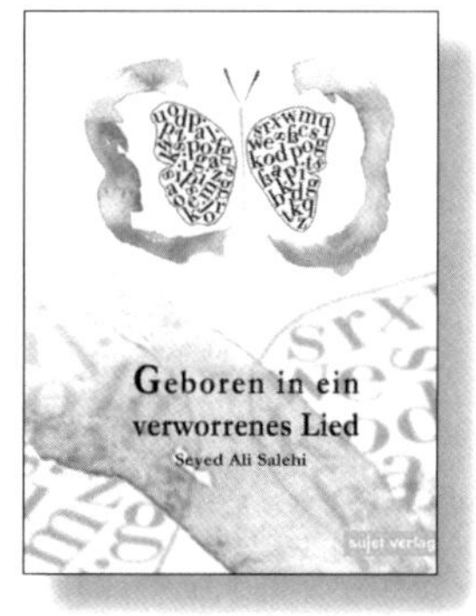

Aus dem Persischen von Madjid Mohit
Illustrationen von Lothar Bührmann

Lyrik
2. Auflage 2015; Klappenbroschur
80 Seiten; 12,80 €
ISBN: 978-3-944201-00-9

Salehis Gedichte geben der Liebe und Humanität ein poetisches Kleid aus Wörtern. Er holt seine Gedichte von der Straße, gibt ihnen ein menschliches Gesicht, poetisiert sie und gibt sie der Literatur und seinen Lesern wieder zurück.

Komm, wir ziehen dem Nordwind entgegen. / Jenseits des Tränengatters / kenne ich ein Dach, / nass von den Wimpern des Mondes, / das keine Abkürzung zum Meer ist.

Seyed Ali Salehi (*1955 in Marqab, Iran) veröffentlichte Anfang der 70er Jahre seine ersten Werke in kommunalen Zeitungen und kleinen Literaturversammlungen. 1975, im Alter von neunzehn, wurde er mit dem literarischen Preis Forough ausgezeichnet. Salehi war von 2001 bis 2003 Vorsitzender des Schriftstellerverbands im Iran und wurde aufgrund seiner literarischen und politischen Proteste immer wieder verhört. Er war Redakteur verschiedener Literaturzeitschriften, darunter die Literaturzeitschrift Sokhan, die seit 2000 nicht mehr veröffentlicht werden darf, und Herausgeber der Zeitschrift Literarischer Standard, die nach der ersten Ausgabe verboten wurde. Ali Seyed Salehi ist einer der bedeutendsten gegenwärtigen Dichter des Irans. Er lebt in Teheran.
Lothar Bührmann, geboren 1946 in Bremen, ist freischaffender Künstler und lebt heute noch in der Nähe seines Heimatortes. Seine Werke wurden in Einzel- und Gruppenausstellungen u. a. in England, Italien, Japan, Russland, Spanien, den Niederlanden und den USA ausgestellt. 1997 erhielt er den Friedens- und Kulturpreis der Villa Ichon. Seine literarischen Cartoons erschienen in Zeitungen, Zeitschriften und Buchform, u. a. in Gekacheltes Innenleben (1996) und Texte und Zeichen II (2015). Im August 2019 verstarb er.

Als der Krieg zu Ende war,
brachte der Frieden die Menschen um

von Garous Abdolmalekian

Aus dem Persischen übersetzt
von Jutta Himmelreich

Lyrik
1. Aufl. 2021; Klappenbroschur
110 Seiten; 17,80 €
IBSN: 978-3-96202-070-5

Dieser Gedichtband vereint eine Reihe intimer sowie protestgeladener Texte, die seine Leser immer wieder überraschen und somit zum Nach- und Neudenken anregen wird. Die hier aufgeführten philosophischen und politischen Gedankenfetzen offenbaren eine Weltanschauung, die sich aktuell besonders im europäischen Raum wiederfinden lässt.

Welche Brücke ist an welchem Ort der Welt gebrochen,
dass keiner mehr Zuhause ankommt?

Garous Abdolmalekian zählt mittlerweile zu den wichtigsten Lyrikern der aktuellen Lyrikszene und Literaturstimmen im Iran. Er ist Teil einer jüngeren Generation iranischer Autoren, die anders als ihre Vorgänger nicht in codierter Form, sondern direkt und besonders bildhaft eines jeden Menschen Recht auf Freiheit ansprechen. Diese neue Generation, die keine direkte Berührungen mit Krieg ertragen musste, wählte vor allem Individualität und Sprachzensur als zentrale Themen.